Super-io

Come trasformare la causa di ansia, depressione, bassa autostima e cattivi rapporti con gli altri

Erio Maffi

Copyright © 2015 Erio Maffi

Tutti i diritti riservati.
ISBN 9781792138256

DISCAIMER

L'autore di questo libro non dispensa consigli medici né prescrive l'uso di alcuna pratica come forma di trattamento per problemi fisici, medici o psicologici senza il parere di un medico o di uno specialista, direttamente o indirettamente.

L'intento dell'autore è semplicemente quello di offrire informazioni di natura generale per aiutarvi nella vostra ricerca del benessere. Nel caso in cui usaste le informazioni contenute in questo libro per voi stessi, che è un vostro diritto, l'autore non si assume alcuna responsabilità delle vostre azioni.

Il libro ha esclusivamente scopo formativo e non sostituisce alcun tipo di trattamento medico o psicologico. Se sei consapevole di avere problemi di carattere medico o psicologico consulta prima uno specialista del settore

Nota dell'autore

Ove le fonti mi erano note, le ho citate; mi scuso invece per tutti quei casi in cui eventualmente non fossero stati riportati gli autori di materiali che ho inserito nel testo.

1 INTRODUZIONE AL SUPER-IO

Attenzione, se:

- Soffri di bassa autostima.

- Soffri di tristezza e depressione.

- Ti senti un fallimento

- Consideri la tua vita solo come una serie di errori.

- Ti paragoni continuamente agli altri e ti senti inferiore.

- Hai paura continuamente di fare la figura della persona stupida.

- Mostri continuamente i tuoi difetti.

- Hai un'immagine molto negativa di te.

- Parti dall'idea che in te ci sia qualcosa di sbagliato.

- Ti senti continuamente vittima dei giudizi altrui.

- Una tua voce interiore ti critica continuamente.

- Una tua voce interiore critica continuamente gli altri.

Allora hai un Super-io rigido, inflessibile e ipertrofico.

Come ha mostrato Sigmund Freud nella sua seconda teoria della psiche del 1923, detta anche seconda topica, il Super-io è una delle tre istanze psichiche fondamentali, insieme all'Es e all'Io.

Nel suo famoso saggio "L'interpretazione dei sogni" del 1900, il padre della psicoanalisi aveva distinto all'interno della personalità tre dimensioni: il conscio, il preconscio e l'inconscio. In seguito, nel saggio "L'io e l'Es" del 1923, Freud opererà una diversa suddivisione della personalità nelle tre parti dell'Es (nuovo nome attribuito all'inconscio), dell'Io (che è la parte prevalentemente conscia) e del Super-io (definito come la nostra coscienza morale).

Secondo Freud il Super-io si origina, verso i sette anni, attraverso l'interiorizzazione dei codici di comportamento, dei divieti, delle ingiunzioni, degli schemi di valore (bene/male; giusto/sbagliato; buono/cattivo; gradevole/sgradevole) che il bambino attua all'interno del rapporto con la coppia dei genitori.

Il Super-io è costituito da un insieme eterogeneo di modelli comportamentali, oltre che di divieti e comandi, e rappresenta un ipotetico ideale verso cui una persona tende con il suo comportamento. Come afferma Freud: "È una sorta di censore che giudica gli atti e i desideri dell'uomo".

Attraverso questa istanza si determina un meccanismo che porta alla frantumazione dell'Io e alla sua successiva modificazione, in quanto sono da esso assimilati modelli derivanti da imposizioni altrui. Il Super-io, infatti, scaturisce dal bagaglio culturale e formativo acquisito sin dall'infanzia dai genitori e in seguito da altri eventuali educatori.

Se quindi, da una parte, questa sfera riveste la funzione positiva di coscienza morale della persona, limitando i desideri e le pulsioni, dall'altra, causa invece un senso continuo di oppressione e di non appagamento attraverso le sue continue critiche e giudizi.

Questo ha portato lo stesso Freud a individuare nel Super-io rigido e ipertrofico, la causa principale della depressione, che ai suoi tempi era chiamata melanconia.

Dall'importante intuizione di Freud della correlazione tra Super-io rigido e depressione sono passati più di cento anni. Come possiamo considerare il Super-io oggi? Possiamo considerarlo una delle cause fondamentali della bassa autostima e della depressione?

La risposta a queste domande è positiva. Come vedremo, possiamo considerare il Super-io come una voce interiore che continua a parlarci nella nostra mente. Quando il Super-io è rigido, questa voce ci critica e giudica continuamente e aspramente. In questo modo, ci causa molti problemi psicologici, tra cui la bassa autostima e la depressione.

Il Super-io rigido è una voce interiore che molti scambiano con la coscienza morale, ma non lo è. Questa voce interiore continua a criticarci e giudicarci, controllando i nostri pensieri e il nostro comportamento paralizzandoci.

Come un "cane da guardia", il Super-io cerca di proteggerci dalla disapprovazione altrui, da possibili ferite e abbandoni. Purtroppo, però, si è trasformato in un "cane da guardia" che non riusciamo più a governare e che si rivolta contro di noi ringhiandoci rimproveri terribili.

Le critiche di questa voce interiore sono continue e demoralizzanti. Il Super-io rigido, infatti, è una parte assolutista e vorrebbe che noi fossimo perfetti. La sua voce provoca in noi molte emozioni negative: paura, ansia, vergogna, senso di colpa, tristezza, ecc. Alla fine, mina gravemente la nostra autostima e ci rende depressi.

In molti casi, il Super-io si è trasformato da protettore a sabotatore. Di fatto, si comporta come un sabotatore ostacolando la realizzazione dei nostri obiettivi professionali e relazionali e favorendo largamente le nostre dipendenze.

In questo libro, attraverso chiari esempi e semplici esercizi, imparerai a riconoscere la voce del tuo Super-io, a comprendere se è adeguato oppure troppo rigido. In quest'ultimo caso, imparerai a evitare o limitare i suoi attacchi. Imparerai a trasformarlo in un tuo potente alleato: intelligente, intuitivo e di grande sostegno in ogni area della tua vita.

Continuando a leggere questo libro, comprenderai che cosa è il Super-io e cosa comporta per te e per le persone che ti circondano. In questo modo individuerai l'origine dei tuoi autosabotaggi, della tua bassa autostima e dei tuoi stati depressivi, dei tuoi cattivi rapporti con gli altri.

Infine, imparerai a governare e trasformare il tuo Super-io e potrai farlo diventare da tuo avversario a tuo alleato. Non ti resta altro che continuare a leggere.

Punti chiave del capitolo:
Hai scoperto che cosa è il Super-io e quali sono le sue caratteristiche.

La possibilità di poter governare questa parte, trasformandola in un alleato.

LA SFIDA DEL SUPER-IO

Sai come va la tua vita, vero? Ti dici, con grande convinzione, che non reagirai nei confronti di una persona che non ti piace e ti crea continuamente problemi. Quando però la incontri e ti dice qualcosa che non va, allora scatta il tuo giudizio nei suoi confronti.

Una voce interiore ti spinge a reagire, sulla base di un giudizio molto negativo nei confronti del comportamento di quella persona. Oppure decidi di non fare e non dire niente, ma dentro di te senti una grande frustrazione. Una voce dentro di te ti critica considerandoti incapace, una persona smidollata perché non hai saputo affrontare adeguatamente la situazione.

Non è quello che succede molto spesso? È come se fossimo programmati a giudicare gli altri e criticare noi stessi, continuamente!

Perché succede tutto questo? Perché è così facile giudicare gli altri e criticare continuamente noi stessi? Perchè è così difficile accettare e non giudicare noi stessi e gli altri?

La risposta è che dentro di noi c'è un Super-io che è una parte molto potente della nostra psiche. È il nostro Super-io che ci spinge verso il continuo giudizio degli altri e la critica di noi stessi.

Siamo ancora incapaci di "discernere" senza "giudicare". Come vedremo, dobbiamo ancora imparare la differenza fondamentale tra la virtù del discernimento e la reattività del giudizio e della critica verso tutto e tutti. Dobbiamo ancora imparare il passaggio dal continuo giudizio all'accettazione e al non giudizio.

E sì, quello del non giudizio verso gli altri e dell'accettazione di noi stessi sono due dei corsi più difficili della scuola della vita. Ma sono due corsi fondamentali per la nostra crescita personale e spirituale.

In questo libro conoscerai meglio il tuo Super-io che è la causa di questo continuo giudizio verso gli altri e critica verso noi stessi. Esso è la voce interiore che devi conoscere e trasformare se vuoi imparare la lezione dell'accettazione e del non giudizio. La trasformazione dal giudicare all'accettare è fondamentale per la nostra crescita personale e spirituale.

Questa trasformazione è così difficile perché, nel gioco della vita, siamo costretti a confrontarci con una parte di noi che, incessantemente, fa di tutto per spingerci a giudicare gli altri e criticare noi stessi, mettendo a soqquadro la nostra esistenza e quella altrui.

Il nostro Super-io ci sfida, ci mette alla prova, spingendoci a giudicare e criticare continuamente. Questa è la sfida principale del nostro Super-io. Se non sei consapevole di questa sfida e del fatto che puoi perderla, vai incontro a un'inevitabile sconfitta, con gravi conseguenze: bassa autostima, depressione, difficili rapporti con gli altri. Se diventi consapevole dell'esistenza del Super-io e della sua spinta a giudicare e criticare continuamente, allora puoi vincere la sfida.

Per dare un senso e rendere completa la tua trasformazione da persona giudicante ad accettante e non giudicante, devi conoscere, sfidare e trasformare il tuo Super-io.

Ma chi è questo Super-io? Il Super-io è una parte di noi che ci spinge continuamente a giudicare e criticare, creando caos e conflitti al nostro interno ed esterno.

Il Super-io ci spinge continuamente a giudicare e criticare il nostro comportamento e quello altrui. Questa parte della nostra personalità fa nascere in noi la rabbia, il risentimento, la paura, l'ansia, il dubbio, la bassa autostima e la depressione. Il Super-io scatena in noi il complesso di superiorità, l'arroganza, l'avidità, la gelosia, l'invidia, ecc.

In questo libro imparerai a conoscere il Super-io come un avversario temibile, ma che puoi trasformare in un tuo alleato. Solo allora non sarà più lui a comandare sulla tua vita, ma diventerà un fedele servitore e alleato e sarai capace, finalmente, di governarlo.

TEST: VALUTA LA RIGIDITÀ DEL TUO SUPER-IO

Leggi attentamente le seguenti affermazioni e assegna a ciascuna di loro un punteggio da uno a cinque, in base alla seguente scala di valutazione:

Raramente – 1
Mediamente - 3
Frequentemente - 5

1. Di notte, mi sveglio con la preoccupazione rispetto agli errori che ho commesso il giorno precedente.

2. Riesamino le conversazioni dopo averle terminate per vedere che cosa ho detto di sbagliato.

3. Non mi piace il modo in cui mi stanno i miei vestiti.

4. Quando sono con altre persone, mi chiedo se hanno verso di me un atteggiamento critico.

5. Esito a provare a fare qualcosa di nuovo perché ho paura di sembrare incapace.

6. Ho paura che la gente rida di me.

7. Mi preoccupo di quello che pensano gli altri.

8. Mi sento spesso inferiore agli altri.

9. Vorrei avere un corpo più attraente.

10. Quando mi guardo allo specchio, cerco che cosa c'è di sbagliato in me.

11. Quando rileggo quello che ho appena scritto, non sono soddisfatto del mio lavoro.

12. Ho paura che in me ci sia qualcosa di fondamentalmente sbagliato.

13. Mi chiedo cosa penserebbero gli altri di me se sapessero veramente come sono.

14. Mi paragonò alle altre persone.

15. Ho l'impressione di attirare le persone che mi giudicano male.

16. Metto in dubbio le mie decisioni dopo averle prese e penso che avrei potuto fare meglio.

17. Quando dico di no, mi sento in colpa.

18. Quando faccio un test come questo, sono sicuro che non avrà punteggi buoni come le altre persone.

19. Se posso, evito di correre dei rischi.

20. Quando penso al lavoro su di me, ho la sensazione che ci sia qualcosa di sbagliato che deve essere corretto.

Ora, somma i punti assegnati a ogni affermazione e scrivi il punteggio totale qui sotto:

Punteggio totale...................

Ogni tipologia psicologica si presenta, sulla base dei suoi effetti sintomatici, in forma lieve, media e severa. Nello stesso modo, possiamo individuare tre tipologie di Super-io che sono le seguenti:

Punteggio da 1 a 35 - Super-io adeguato.
Il tuo Super-io è adeguato e non sarà difficile, per te, trasformarlo in un tuo fedele alleato.
Punteggio da 36 a 65 - Super-io rigido.
Il tuo Super-io è abbastanza rigido e dovrai impegnarti nel lavoro per trasformarlo in un tuo fedele alleato. La lettura di questo libro ti aiuterà molto.
Punteggio da 66 a 100 - Super-io molto rigido, inflessibile e ipertrofico.
Il tuo Super-io è molto rigido e inflessibile e condiziona molto la tua vita. È assolutamente necessario che tu segua le indicazioni di questo libro per limitarne gli effetti negativi sulla tua vita e trasformarlo in un tuo fedele alleato.

La lettura di questo libro è fondamentale per poterlo limitare e trasformare in alleato e superare i problemi di bassa autostima, di depressione e di cattivi rapporti con gli altri che ti sta creando.

IL SUPER-IO NELLA PSICOANALISI

Come abbiamo visto, il concetto di Super-io è stato sviluppato, inizialmente, nella psicanalisi freudiana. Sigmund Freud introduce il concetto di Super-io nella sua famosa seconda teoria della personalità, sviluppata negli anni venti del secolo scorso.

Freud considerava il Super-io come la coscienza morale che interiorizziamo da bambini. Il Super io rappresenta, per Freud, la nostra coscienza morale interiorizzata, una sorta di censore morale che giudica i nostri atti e i desideri istintivi.

Freud afferma: "Il bambino piccolo è notoriamente amorale, non possiede inibizioni interiori contro i propri impulsi che desiderano il piacere. La funzione che più tardi assume il Super-io è svolta dall'autorità dei genitori. I genitori governano il bambino mediante la concessione di prove d'amore e la minaccia di castighi, che gli dimostrano la perdita d'amore e di per sé stessi sono quindi temuti. Quest'angoscia reale è la precorritrice della futura angoscia morale; finché essa domina, non c'è bisogno di parlare di Super-io e di coscienza morale. Solo in seguito si sviluppa la situazione secondaria – che noi siamo troppo facilmente disposti a ritenere quella normale – in cui l'impedimento esterno è interiorizzato e al posto dell'istanza parentale subentra il Super-io, il quale ora osserva, guida e minaccia l'Io, esattamente come facevano prima i genitori col bambino". Sigmund Freud, Introduzione alla psicoanalisi.

Come hai appena letto, Freud sottolinea il fatto che il bambino interiorizza le regole e gli impedimenti esterni dei genitori, che diventano il Super-io, il quale osserva, guida e minaccia l'Io.

Questo è esattamente ciò che realizza il nostro Super-io: ci osserva, ci guida, ci minaccia, ci giudica e ci critica continuamente. In più giudica anche gli altri.

In seguito, Freud sostenne anche che l'esistenza di un Super-io severo, può essere considerata come la causa principale della depressione. Questo, come vedremo, è una delle sue conseguenze negative più importanti assieme alla bassa autostima.

IL SUPER-IO NELLA PSICOSINTESI

Come afferma l'inventore della psicosintesi, lo psichiatra italiano Roberto Assagioli: "Una delle maggiori cecità, delle illusioni più nocive e pericolose che c'impediscono di essere quali potremmo essere, è di credere di essere per così dire tutti di un pezzo, di possedere cioè una personalità ben definita".

In realtà, non siamo persone tutte d'un pezzo, ma siamo composti di diverse parti o subpersonalità. Somigliamo più a una margherita dove, ad ogni petalo, corrisponde un diverso aspetto della nostra personalità.

Al nostro interno ci sono diverse parti spesso in conflitto tra loro. Ogni giorno, passiamo da una parte all'altra, in modo talvolta rapido e stupefacente.

I cambi di personalità avvengono spesso durante una giornata e non ci facciamo più caso. È come se ci cambiassimo d'abito, in pochi minuti. Quante volte ci capita di vivere contemporaneamente, emozioni e bisogni diversi e opposti? Ad esempio:

Mi piacerebbe andare in palestra, avere del tempo per leggere, ma non ce la faccio.

Voglio bene a mio figlio, ma quando si comporta in quel modo non riesco a fermarmi.

Il lavoro mi piace, ma la mattina il mio corpo si rifiuta di alzarsi.

Non posso fare a meno del partner, ma quando ci vediamo continuiamo a litigare.

Ho dentro una rabbia così forte che non so più cosa fare per tenerla a bada.

Voglio tanto bene a mia moglie, ma mi attraggono molto altre donne.

Guardandomi allo specchio mi vedo invecchiare, ma dentro mi sento un ragazzino.

Sono questi gli argomenti che giocano le nostre diverse parti che si alternano a guidare la nostra vita quotidiana.

Per esempio, adesso mentre leggi in che parte stai? Vediamo quello che sta succedendo a te ora, mentre stai leggendo. Che cosa ti ha attirato del libro che stai leggendo? Prova a chiederti: perché l'ho acquistato? Quale parte di me ha questo interesse?

Non è così facile rispondere, vero? Non siamo abituati a ragionare così! Diciamo continuamente: io penso, io faccio, io decido, ecc. Nessuno ci ha insegnato a chiederci: io chi? Quale parte di me? Questo è un modo diverso di guardare la nostra vita, vero?

La parte che ha preso in mano il libro è stato il tuo entusiasmo? È quella parte di te che si butta a capofitto su ogni cosa nuova? Oppure, al contrario, non trovavi di meglio per ingannare il tempo? Oppure stavi cercando un aiuto rispetto a qualche tuo problema?

Proprio adesso, prova ad ascoltare se ci sono delle voci dentro di te che si alternano o si scontrano con i loro diversi argomenti.

Per esempio, si sta facendo sentire il tuo Super-io? Questa parte ti dice: Ma che cosa stai leggendo? Stai buttando via il tuo tempo e il tuo denaro? Non ne vale la pena. Lascia perdere sono i soliti discorsi psicologici che ti propongono soluzioni, per poi lasciare i problemi come sono! Oppure, in veste di critico ti dice: tanto non cambierai mai niente! È inutile che leggi se poi non applichi quello che hai letto. Sei un incapace. Non riuscirai mai a cambiare!

Se ti ascolti ancora, forse adesso ci sono anche altre parti che ti dicono: perché non provare? Ne avresti bisogno con le difficoltà che hai nella tua vita!

L'intervento di queste ultime parti potrebbe aver stuzzicato la tua parte stanca, quella che vede in ogni cosa nuova come un ulteriore impegno, una fatica, uno sforzo. Questa parte vuole stare in pace. Rifiuta gli impegni e anche le letture come quella che stai facendo.

Come puoi constatare, ogni nostra parte ha le sue ragioni e cerca di farle valere. Quello che ti ho offerto è solo un piccolo esempio di ciò che succede continuamente. Purtroppo tutto questo rimane inconsapevole alla maggior parte delle persone. Ma a te, ora, è chiaro, vero?

□

IO CHI?

Ora ti rendi conto meglio di quanto è complessa la nostra personalità, vero? In ciascuno di noi abita una famiglia di parti, o subpersonalità.

Alcune di queste parti hanno caratteri molto personali. Queste parti sono nate cresciute all'ombra della nostra famiglia, nella comunità in cui siamo cresciuti, nella nostra cultura e rappresentano il modo che ciascuno di noi ha scelto per adattarsi al proprio ambiente e alle difficoltà che abbiamo vissuto.

In ciascuno di noi ci sono poi delle parti che sono nate in seguito alle frustrazioni vissute nell'infanzia, nell'adolescenza nell'età adulta, ecc. Altre parti hanno aspetti più universali, che possono essere considerati transpersonali. Queste parti sono vissute in modo simile più o meno da tutti. Tra queste parti che hanno tutti ci sono anche il giudice e il critico interiore.

La storia di ogni persona ha favorito lo sviluppo di parti più adatte ad integrarci meglio nel nostro ambiente, a scapito di altre parti che portano valori opposti. Culture differenti richiedono modelli di adattamento diversi. Ad un bambino che nasce in Italia, sono necessari comportamenti completamente differenti da quelli che servono ad un bambino nato in una zona rurale della Cina, oppure in USA o in India.

È necessario comprendere che normalmente viviamo immedesimarsi in una parte o subpersonalità. È stupefacente accorgersi che valori, giudizi e comportamenti che siamo convinti di essere nostri, la nostra vera natura, sono invece i valori giudizi e comportamenti di nostre parti o subpersonalità.

Così, se siamo identificati nel Super-io, possiamo attaccare in modo durissimo le altre persone senza esitazioni e dubbi, essendo convinti dell'essere nel giusto e nella verità. Se siamo identificati, invece, nella vittima, vediamo in ogni aspetto della vita una congiura persecutoria nei nostri confronti.

Accorgersi di non essere tutto di un pezzo può far paura e la prima reazione è quella di negarlo. Così, tante esperienze di molteplicità che continuamente facciamo, finiscono per essere rapidamente cancellate e classificate come errori. Le etichettiamo con: quello non sono io!

Abbiamo paura di perdere la nostra identità. Per questo ci attacchiamo, con ancora più forza, a quello che consideriamo il nostro vero io, che invece non è altro che una nostra parte.

Pirandello nel suo bel romanzo "Uno, nessuno e centomila" afferma: Conosco Tizio. Secondo la conoscenza che ne ho, gli do una realtà: per me. Ma il Tizio lo conoscete anche voi, e certo quello che conoscete voi, non è quello stesso che conosco io, perché ciascuno di noi lo conosce a suo modo che gli dà al suo modo una realtà.

Se abbiamo diverse parti, se continuamente passiamo da una all'altra parte senza esserne consapevoli, la cosa più importante è costruire un centro, che sia in grado di riconoscere e governare meglio questa molteplicità presente in noi. Questo centro è il nostro io consapevole.

Se utilizziamo l'immagine della margherita, i diversi petali sono le subpersonalità, mentre il centro della margherita a cui tutti petali convergono, è il nostro io consapevole. È necessario far nascere e consolidare questo centro della nostra margherita.

L'Io consapevole può essere paragonato anche a un direttore d'orchestra, oppure a un regista. È necessario diventare il direttore d'orchestra delle diverse voci che parlano dentro di noi, perché ciascuna voce e possa suonare lo spartito per cui siamo venuti al mondo.

L'Io consapevole non è una parte, è il centro della margherita, il direttore d'orchestra, il regista. L'io consapevole è un insieme di qualità:

- La capacità di ascoltare le diverse parti.

- L'assenza di giudizio.
- La presenza, la consapevolezza.
- La non immedesimazione, l'equidistanza.
- L'osservazione e la testimonianza.

Questo centro non è statico, ma in continua evoluzione. La qualità fondamentale che lo contraddistingue e la capacità di sentire e osservare le diverse parti. La posizione dell'io consapevole è un modo di vedere il mondo che si sviluppa man mano che ci separiamo dalle nostre parti primarie, che impariamo ad abbracciare tutte le nostre subpersonalità.

Le persone che hanno fatto crescere un io consapevole come centro della loro psiche, sono capaci di comprendersi e di capire gli altri in modo molto diverso, perché sono in grado di distinguere sempre meglio con quali parti stanno interagendo, sia in sé stessi, sia nella relazione con gli altri.

Queste persone sentono di avere a disposizione uno spazio nuovo che permette loro di accorgersi se e quando hanno agito o parlato indossando una parte. Nelle relazioni queste persone sanno diminuire quegli automatismi che ci portano a giudicare, a criticare, a ferire gli altri. Queste persone imparano sempre meglio ad incontrare gli altri con rispetto, perché sentono che le ragioni degli altri hanno lo stesso valore delle proprie.

☐

SUPER-IO COME GIUDICE E CRITICO INTERIORE

Come si può definire il Super-io? Quali sono le sue manifestazioni?

Alla prima domanda si può rispondere nel modo seguente: il Super-io è la parte di noi che giudica gli altri e ci critica dall'interno. In sintesi, il Super-io è il nostro giudice e critico interiore.

Come giudice interiore il Super-io è quella parte di noi che si confronta continuamente con il mondo esterno e ci fa sentire migliori e superiori rispetto agli altri. Come critico interiore il Super-io è la parte che ci critica continuamente, sottolineando ciò che c'è di sbagliato in noi.

Rispetto alla seconda domanda, si può affermare che le manifestazioni del Super-io sono differenti quando si rivolge all'esterno, oppure all'interno. Quando si rivolge all'esterno lo possiamo chiamare giudice interiore. Quando si rivolge all'interno lo possiamo definire critico interiore.

In sintesi, il giudice interiore è quella parte di noi che giudica continuamente il comportamento degli altri, facendoci sentire superiori e creandoci difficoltà di rapporto. Il critico interiore, invece, è quella parte di noi che utilizza il confronto con il mondo esterno, per farci sentire inadeguati e inferiori rispetto agli altri.

L'energia che sottende il Super-io è quella del giudizio, del confronto, del paragone continuo rispetto agli altri. Il giudice e il critico interiore sono due manifestazioni del nostro Super-io che ci spingono verso il continuo confronto con gli altri.

Quando il Super-io funziona come giudice, ci fa sentire superiori rispetto agli altri, quando funziona come critico interiore, invece, ci fa sentire inferiori rispetto agli altri.

In questo continuo confronto con gli altri, le persone si differenziano in due tipologie specifiche. La prima tipologia è quella delle persone che sono identificate con gli aspetti di potere e giudizio. Queste persone tendono a essere giudicanti rispetto agli altri e si considerano migliori e superiori rispetto agli altri. La conseguenza sono i cattivi rapporti con gli altri che percepiscono questo giudizio e complesso di superiorità.

La seconda tipologia è quella delle persone identificate con gli aspetti vulnerabili della personalità. Queste persone tendono alla svalutazione di sé e alla autocritica continua e si considerano inferiori rispetto agli altri. La conseguenza è la bassa autostima e la depressione, che derivano dal complesso d'inferiorità.

Come avviene la differenziazione tra queste due tipologie?

Le persone identificate con aspetti di potere, non amano ammettere la propria vulnerabilità. Queste persone fanno di tutto per tenere nell'inconscio i propri aspetti vulnerabili. Cercano di proteggere la propria vulnerabilità attivando la sensazione di essere nel giusto, di essere superiori, della svalutazione e, alcune volte, del disprezzo degli altri.

In queste persone prevale un Super-io che afferma continuamente: sono gli altri a essere sbagliati! Io sono nel giusto, io sono migliore e superiore!

Il Super-io di queste persone, quando è dominante, crea in loro l'illusione della superiorità e della invulnerabilità. Il Super-io ripete continuamente: è il mondo là fuori ad essere sbagliato! Io sono nel giusto! Sono migliore, sono superiore!

Come puoi ben comprendere, questo tipo di Super-io alimenta il complesso di superiorità e il narcisismo della persona che ne è vittima. Si tratta di una posizione illusoria, che stimola atteggiamenti di separazione dagli altri, egoismo e narcisismo. Questo senso di superiorità crea difficoltà di rapporto con gli altri.

Le persone identificate con gli aspetti vulnerabili

tendono, invece, a criticarsi continuamente considerandosi inferiori rispetto agli altri. In queste persone il Super-io si trasforma in un critico interiore assolutista e perfezionista. Questo critico interiore confronta continuamente la persona con gli altri. Questa volta, però, invece del giudizio e della riprovazione nei confronti degli altri, la reazione è un sentimento d'inferiorità che abbassa notevolmente l'autostima della persona e la porta alla depressione.

Consideriamo, ad esempio, una persona molto timida e chiusa in sé stessa che si trova davanti a un'altra molto estroversa e sicura di sé. Se questa persona s'identificata con un forte critico interiore, tenderà ad ammirare l'altra persona estroversa e desiderare d'imitarla. Per un attimo, questo desiderio fa vibrare questa persona che vorrebbe essere più socievole ed aperta, qualità che ha rinnegato nella sua crescita passata perché, molto probabilmente, è stata derisa.

Il critico interiore di questa persona scatta automaticamente in difesa dello status quo, affermando: ma come puoi anche solo immaginarlo? Tu vuoi essere una persona più aperta e socievole? Certamente diventerai lo zimbello di tutti! Quindi il Super-io, come critico interiore attiva nella persona una reazione di forte ansia, che gli stringe lo stomaco e gli chiude la gola.

Come puoi constatare da questo esempio, le persone che hanno un Super-io che si è trasformato in un forte critico interiore assolutista e perfezionista, diventano vittime e hanno la tendenza alla svalutazione di sé, alla bassa autostima e alla depressione.

□

IL SUPER-IO COME VOCE INTERIORE

Come abbiamo visto, il nostro Super-io è una parte della nostra personalità molto potente, che condiziona enormemente la nostra vita. Questa parte della nostra personalità ha due compiti fondamentali: criticarci aspramente e giudicare gli altri duramente. Ed è quello che fa continuamente.

Per fortuna, è una parte che possiamo riconoscere abbastanza facilmente, se realizziamo un minimo di osservazione dei nostri pensieri e delle nostre sensazioni.

Per essere più concreti, sai a cosa possiamo paragonare il nostro Super-io? Possiamo paragonarlo a una voce interiore che funziona come una stazione radio, che trasmette costantemente giudizi, critiche e regole che dovremmo seguire.

Siccome è una stazione radio che sta trasmettendo dalla nostra infanzia, è diventata come una musica di sottofondo di cui non siamo più consapevoli. Tendiamo a darla per scontata pensando perfino che sia la voce della nostra coscienza morale.

Purtroppo, molte persone la scambiano per la voce della coscienza morale e s'identificano in lei. Il primo passo che dobbiamo realizzare è, infatti, quello di diventare consapevoli di questa voce della nostra psiche, cominciando a riconoscere che non è la nostra coscienza morale.

Attenzione: il Super-io non è la nostra coscienza morale. È solo una parte di noi! Noi siamo molto di più, vero?

Questa consapevolezza che noi non siamo quella voce che ci critica costantemente e giudica dal di dentro è fondamentale, perché il Super-io può bloccare completamente la nostra crescita personale e spirituale. Può bloccare completamente la nostra capacità di vivere una vita gioiosa e creativa.

SUPER-IO: GIUDIZIO O DISCERNIMENTO?

Molte persone credono che il giudizio rispetto a sé e agli altri sia imprescindibile e necessario e quindi giustificano tutto ciò che proviene dal loro Super-io, confondendolo con la propria coscienza morale. Queste persone si domandano: come ci comporteremmo senza un giudizio verso noi stessi e gli altri? E rispondono affermando che ci comporteremmo in maniera immorale ed egoistica. Quindi il Super-io è indispensabile, vero? No, è falso!

È falso, perché queste si confonde il giudizio con il discernimento. C'è una profonda differenza tra giudizio e discernimento.

Come hai compreso, la critica e il giudizio hanno effetti deleteri, mentre il discernimento è un aspetto positivo e molto utile nella nostra vita. Come vedremo, infatti, il nostro Super-io trasformato è capace di discernimento e smette di giudicare e criticare tutto e tutti.

Considera la radice etimologica della parola giudizio. Essa deriva da judex = giudice, che significa colui che giudica, che si pronuncia sul diritto emettendo sentenze. Il giudizio rimanda, quindi, prevalentemente all'attività dell'autorità giudiziaria, al verdetto, alla sentenza di un giudice

In senso più ampio, giudicare significa valutare, esprimere un'opinione rispetto a una norma. Giudicare significa quindi sottoporre a giudizio, a valutazione. Ad esempio, giudichiamo una persona per le sue azioni, per il suo operato. Giudicare significa assolvere o condannare un imputato, ecc.

Discernere, invece, ha un significato molto diverso. La radice etimologia di discernere proviene da dis = separare e cernere = scegliere. In sintesi discernere significa scegliere separando.

Il discernimento è una importante virtù della

saggezza. Purtroppo questa parola è poco presente nel parlare comune. Il discernimento rappresenta la capacità valutare in maniera completa, con grande cognizione, una persona o una situazione.

Insomma, il discernimento è una virtù molto importante. È la capacità che una persona matura ha di valutare e distinguere rettamente. Questa persona sa distinguere ciò che è bene da ciò che è male e distingue con consapevolezza.

Come puoi comprendere, il discernimento rispetto a una persona e a una situazione è fondamentale e assolutamente utile, perché si basa sulla consapevolezza di sé e della situazione. La persona matura, quindi, è capace di discernere, la persona immatura sa solo giudicare gli altri e criticare sé stessa.

☐

COM'È NATO IL SUPER-IO?

Com'è nato il nostro Super-io? Da dove viene?

Come abbiamo visto, il Super-io nasce dal continuo confronto con gli altri. Ma come nasce questa tendenza al confronto continuo con gli altri?

In sintesi, nasce quando siamo bambini e i nostri genitori ci spingono a fare riferimento al mondo esterno per valutare che cos'è bene o male, che cos'è giusto o sbagliato.

Siamo spinti a trovare nel mondo esterno un sistema di riferimento che lo renda intellegibile, che ci permetta di capire che cosa si può fare oppure no. D'altra parte, è nel mondo che il bambino deve andare, è qui che deve potersi sentire sicuro, accettato e adeguato. È nel contesto sociale che il confronto diventa pericolosamente decisivo per illudersi di stare bene e di essere a posto.

Il continuo confronto con gli altri e con il mondo esterno, porta all'amore condizionato, che è all'origine del nostro Super-io come giudice e critico interiore. Da bambini, siamo esposti ad un'educazione che si basa sul continuo confronto con gli altri e sull'amore condizionato. I messaggi prevalenti che ci provengono dall'ambiente in cui cresciamo sono:

* Ti voglio bene, ti amo se...
* Devi assolutamente fare questo, se non lo fai non ti voglio più bene

È da lì che nascono le "condizioni di amabilità", che sono alla base del nostro Super-io. Quando siamo bambini ci sentiamo in pericolo e ci autoproteggiamo creando al nostro interno una sorta di "Tribunale" che assume come leggi le richieste dell'ambiente e ci spinge a soddisfarle. Naturalmente lo facciamo come può farlo un bambino: in modo estremo e assolutista. In questo "Tribunale" risiede il nostro Super-io, che svolge quindi una funzione protettiva.

In breve, sviluppiamo il nostro Super-io per questo motivo: se mi giudico e mi critico da solo, prevengo il fatto gli altri mi giudichino, mi critichino e mi puniscano.

Da una parte, quindi, il Super-io è creato da noi, ed è per questo che ci sottoponiamo al suo giudizio. Dall'altra, però, le norme su cui si fonda provengono da autorità esterne e da una cultura autoritaria e irrispettosa della natura umana nella quale tutti siamo immersi.

Il risultato è che ospitiamo al nostro interno un Super-io assolutista che segue un ordinamento autoritario. Ad esso ci costringiamo ad obbedire. Alla fine, non siamo più liberi, ma sottomessi al giudizio costante del nostro Super-io.

Gli esercizi che seguono ti aiutano riconoscere il tuo Super-io nei suoi diversi aspetti.

Esercizio: Osserva come si manifesta il tuo Super-io

Per un periodo di tempo (da uno a tre giorni) prendi nota sia delle cose negative che pensi di te, sia dei giudizi che rivolgi agli altri. Se puoi, confronta le tue osservazioni con quelle di un amico o amica, che sta facendo lo stesso lavoro su di sé. In questo modo, puoi vedere se ci sono affinità o differenze tra il tuo Super-io e il suo. Condividere le tue scoperte con quest'altra persona, ti può far capire più facilmente le immancabili esagerazioni dei nostri giudici e critiche interiori. Questo può alleggerire la tua tendenza a prendere il tuo Super-io troppo sul serio!

Esercizio: Famiglia e comunità

Prendi ora alcuni dei commenti che hai annotato con l'esercizio precedente e chiediti:

Questa affermazione mi ricorda qualcosa che mi veniva detto da qualcuno nella mia infanzia o fanciullezza? Quando ho cominciato a dirmi queste cose?

Ora scrivi:

• I giudizi di tua madre su di te e sulle altre persone.

• I giudizi di tuo padre su di te e sulle altre persone.

• Le peggiori caratteristiche di una persona secondo i tuoi compagni delle elementari, delle medie, delle scuole superiori, degli amici attuali.

Tieni presente che molti giudizi possono manifestarsi anche senza parole. Può essere bastato un aggrottar di sopracciglio o un leggero sospiro, perché la tua sensibilità di bambino venisse colpita è il Super-io arrivasse a interpretare, a modo suo, il disagio del tuo genitore.

A volte, il giudizio negativo è espresso non attraverso una svalutazione diretta del bambino, ma tramite una ipervalutazione di un altro bambino, fratello, sorella o amico. Anche questi "giudizi di sponda sono registrati nell'archivio del Super-io.

Esercizio: Essere normali ed essere speciali.

Il nostro Super-io è un grande "confrontatore". Da una parte ci confronta con gli altri e ci critica, facendoci sentire inferiori. Dall'altra parte ci porta a giudicare gli altri, facendoci sentire superiori.

Approfondiamo, ora, la parte del nostro Super-io che ci confronta con il mondo esterno e ci fa sentire migliori rispetto agli altri. Come abbiamo visto, l'esigenza principale del Super-io, quando giudica gli altri, è quella di farci sentire delle persone speciali, di farci sentire migliori degli altri. Il confronto con gli altri, in questo caso, è a nostro favore.

Le persone che sono portate a questo giudizio continuo degli altri, sono identificate con aspetti di potere e tendono a essere giudicanti. Queste persone non amano ammettere la loro vulnerabilità e il loro Super-io farà di tutto per tenerla lontana dalla soglia della coscienza. Si attiva quindi, nella persona, la sensazione di essere nel giusto, sostenuta dalla svalutazione e dal disprezzo degli altri.

Il Super-io è molto legato al contesto sociale. La società di massa in cui viviamo può sempre inviare a questo proposito messaggi ambigui: da una parte alimenta a dismisura il bisogno di farsi notare, dall'altra ci spinge ad essere come gli altri, se vogliamo essere accettati.

La polarità essere normali - essere speciali, è utile per fare qualche riflessione, servendoti, per esempio, di questa traccia di domande, alle quali puoi aggiungere quelle più pertinenti alla tu situazione specifica.

Che cosa ha da dire il tuo Super-io riguardo ai libri che hai in camera da letto e aspettano di essere letti?

Cosa dice riguardo a ciò che mangi?

Ci sono alcune aree in cui il tuo Super-io vorrebbe che tu fossi il migliore?

Con chi ti confronta il tuo Super-io?

Chi considera più evoluto di te? Cosa dovresti saper fare meglio?

Con chi ti confronta il tuo Super-io facendoti sentire migliore, più evoluto, più spirituale?

☐

CHE FUNZIONE HA IL NOSTRO SUPER-IO?

Che funzione ha il nostro Super-io? Come abbiamo visto, il Super-io nasce all'interno della nostra famiglia, nella nostra infanzia e fanciullezza, grazie all'interiorizzazione delle regole, dei valori e delle credenze dei nostri genitori e delle persone significative della nostra vita.

La sua funzione originale è quindi quella protettiva nei nostri confronti. Possiamo paragonare il Super-io a un cane da guardia. Inizialmente è un ottimo e tranquillo cane da guardia.

Nella nostra infanzia e fanciullezza abbiamo interiorizzato i giudizi dei nostri genitori, degli insegnati, dei parenti, della religione, della comunità in cui siamo cresciuti. Il nostro Super-io controlla, come un buon cane da guardia, che tutto vada bene facendoci sentire protetti.

Il Super-io si è sviluppato al nostro interno con una funzione protettiva, come quella di un cane da guardia. La sua funzione originale è quella di proteggerci dal vivere emozioni di vergogna e senso di colpa. Questo aspetto ci aiuta a mantenere una certa chiarezza mentre esploriamo lo sviluppo del nostro Super-io e il suo scopo nella nostra vita.

Poi, purtroppo, il nostro Super-io, vuole che noi siamo "perfetti" nel rispettare le regole e norme di comportamento dell'ambiente in cui cresciamo.

Si trasforma, quindi da tranquillo cane da guardia che ci protegge a uno che si rivolta contro di noi e ci ringhia ferocemente, perché vuole che siamo perfetti. Da cane da guardia pacifico e protettivo, si è trasformato in un cane che ci ringhia e si rivolta contro di noi.

Il Super-io, infatti, varia a seconda delle tradizioni e dei sistemi culturali di valori di ogni particolare famiglia e comunità. Ma al di là dei diversi valori, tutti i Super-io del mondo si trasformano in cani ringhiosi e ci rendono persone infelici e insoddisfatte.

È importante capire e accettare che non ci libereremo mai del nostro Super-io, ma possiamo riportarlo nella sua posizione originaria di docile cane da guardia. Questa trasformazione è possibile. Possiamo, infatti, imparare a riconoscere come si manifesta nella nostra vita. Possiamo abbassare la sua voce e la sua influenza su di noi, possiamo trasformarlo in un nostro alleato; ma non possiamo mai liberarci del tutto di lui.

Ricordalo: il Super-io è una parte primaria della nostra psiche.

Dobbiamo inoltre sapere che non potremo mai piacergli del tutto. Non ha importanza quanto cerchiamo di ascoltarlo e di fare quello che lui vuole. Lui ci seguirà e continuerà a criticarci e giudicarci, anche se pensiamo di aver fatto tutte le cose correttamente. La sua funzione, infatti è quella di criticarci e giudicarci per difenderci.

Il Super-io è come un genitore che continua a criticarci, al di là del nostro impegno. Ma perché ci critica continuamente? Perché, per difenderci, esige da noi la perfezione.

Ricorda: non potremo mai soddisfarlo del tutto! Quanto più cerchiamo di cambiare per compiacere il nostro Super-io, tanto più forte lui diventerà nella nostra vita.

Sai qual è l'unica risposta possibile nei confronti del nostro Super-io? È di smettere di giocare il suo gioco. Questo è ciò che imparerai continuando a leggere queste righe.

☐

COME CI PARLA IL NOSTRO SUPER-IO?

È necessario ricordare che il Super-io, come giudice e critico interiore è una delle voci primarie della nostra psiche. Questa nostra voce interiore ha delle parole preferite che sono: sbaglio, errore e imprecisione.

Il nostro Super-io ci dice: È stato uno sbaglio! Non saresti mai dovuto andare lì. Hai fatto un errore! Non dovevi fare quella cosa. Sei stato impreciso! Dovevi farlo meglio.

Dietro tutte le critiche del nostro Super-io c'è l'assunto di base che abbiamo fatto uno sbaglio, un errore, che non siamo stati precisi, che potevamo fare meglio, ecc.

Come abbiamo visto, il Super-io si può manifestare nella duplice veste di giudice e di critico interiore.

Come parla il Super-io nella sua veste di giudice interiore? Prendiamo ad esempio, il Super-io di Carlo, che ha avuto un incontro di lavoro con un cliente inglese, insieme ad altri suoi colleghi. Ecco che cosa gli dice:

"Quanti errori sta facendo Anna! Ma come fa a parlare in inglese in quel modo? È veramente ridicola. Ma si rende conto di come parla confusamente? Uffa, un'altra riunione con il solito branco d'incompetenti. Michele è sempre lì ad aiutare tutti. Com'è penoso! Che cosa vuole ottenere, poi? Michele è un vero e proprio ruffiano. Chissà come si è dato da fare per ottenere quell'aumento. Ma presto si accorgeranno che non vale niente, rispetto a me.

Quante persone banali! Quante parole inutili! Adesso lo fermo, io ho cose importanti da dire. Certo che questo cliente inglese ha un sacco di soldi! Chissà come ha fatto a farli? Quando sono così ricchi, di certo, hanno fatto degli imbrogli. Non ho mai visto uno che è diventato ricco onestamente.

Come parla, invece, il Super-io nella sua veste di

critico interiore? Prendiamo, ad esempio, il critico interiore di Anna la quale ha partecipato allo stesso pranzo di lavoro di Carlo, ma lo ha vissuto in maniera completamente differente, perché in lei domina un Super-io critico interiore. Ecco che cosa le dice la sua voce interiore:

"È stato uno sbaglio, un grosso sbaglio! Il tuo inglese è pessimo. Senti Carlo come lo parla bene! E poi hai parlato troppo: questo è il sintomo della tua ansia! Come puoi pensare che non si accorgano della tua incompetenza nel parlare inglese? A pranzo, poi, hai mangiato troppo! Sei stata a dieta per sei mesi e hai perso solo due chili! Guarda Giovanna, che figurino è diventata in soli quattro mesi! Hai visto Michele, lui sì che si dà da fare aiutando gli altri e ha ottenuto l'aumento dello stipendio. Tu non sei capace di farti valere. Non hai talenti! Lasci fare agli altri che hanno più cose da dire e poi, spesso, diventi rossa e tutti si raccolgono della tua timidezza. Certo, l'esame di inglese lo hai superato, ma sai bene che hai avuto solo fortuna. E prima o poi se ne accorgeranno anche gli altri! Hai visto questo cliente inglese com'è ricco? Lui sì che ci sa fare nel mondo. Tu sei un'imbranata, non hai coraggio! Resterai una persona mediocre a vita".

Ricorda: il Super-io vuole l'accettazione e l'amore da parte delle persone significative della nostra vita. Purtroppo, lo fa giudicando gli altri e criticandoci continuamente!

Proprio per questo le sue affermazioni preferite del sono:

Non sei amabile e nessuno può amarti veramente. Il problema è che tu:

- Sei brutto/a.
- Sei egoista.
- Sei insignificante.
- Sei grasso/a.
- Sei pigro/a.

- Sei troppo basso, sei troppo alto.
- Stai invecchiando!
- Sei vestito in modo sbagliato.
- Sei ridicolo.
- Sei noioso/a.
- Non hai talenti!
- Non dovresti aver detto questo!
- Devi lavorare il doppio degli altri, altrimenti non ce la fai!
- Dovresti rifarti il naso/seno/glutei/collo.
- Sei riuscito a ingannarli, pensano che tu sia intelligente, ma vedrai quando si accorgeranno di quanto poco sai veramente!
- In realtà, sei un fallimento.
- E altre critiche e giudizi a sua scelta...

IL GIOCO PREFERITO DEL SUPER-IO

Spesso la voce del nostro Super-io ci sommerge con una miriade di motivi per cui un nostro progetto non funzionerà. Questa voce afferma: sì, sembra una buona idea, ma... non sei pronto per quel genere di cose. Meglio aspettare il mese prossimo, quando avrai più tempo.

Sì, ma.... Questa è la frase preferita nel nostro Super-io. In molti casi, qualunque ragione segua alla parola ma, è semplicemente una scusa per smettere di andare avanti.

Il nostro Super-io ama tantissimo quello che lo psicologo Eric Berne ha chiamato il gioco psicologico del Sì, ma...

Si, ma non sono più giovane.

Sì, ma non ho abbastanza denaro.

Sì, ma non sono famoso.

Sì, ma non ho ancora la laurea.

Sì, ma non ho abbastanza esperienza.

Sì, ma non ho abbastanza conoscenza.

Sì, ma sono troppo indaffarato.

Si, ma non sono abbastanza bello.

Si, ma c'è troppa competizione.

Si, ma lo sta facendo qualcun altro.

Si, ma il mio capo non è d'accordo con me.

Si, ma c'è la crisi.

Si, ma è molto difficile.

Si, ma è troppo tardi.

Si, ma smetti di ascoltare il tuo Super-io! Prima che sia troppo tardi.

☐

IL SUPER-IO È NOSTRO AMICO?

Una volta qualcuno ha detto: "Se davvero si vuole una cosa, si troverà il modo di ottenerla. Se davvero non la vuoi, troverai delle scuse". Permettimi, dunque, di porti nuovamente la domanda: la voce critica e giudicante del tuo Super-io sei tu?

Tieni presente che, qualunque sia il motivo del suo comportamento, la voce critica e giudicante del tuo Super-io non è tua amica.

Lo sai una cosa: il tuo Super-io non vuole che tu vinca. Anzi, essenzialmente, vuole che tu perda. Questa voce interiore cerca di convincerti a non crescere e a non essere felice. E una volta che riesce nell'intento di farti desistere dai tuoi obiettivi, ti rimprovera per non aver avuto il coraggio di agire, non è vero?

Per alcune persone, il semplice fatto di sentire questa voce genera un flusso di sentimenti e di emozioni negative, come la paura, l'ansia, la preoccupazione, l'apprensione, il timore, il panico, il senso di colpa, la riprovazione, il rimorso e la vergogna, la depressione.

Questa voce è la causa principale della scarsa autostima, della sensazione di non valere, di essere dei buoni a nulla, di essere indegni e immeritevoli.

Immagina di conoscere una persona che dice di essere tua amica. Di tanto in tanto, ti dà anche un valido consiglio, ma riflettendoci bene, hai iniziato a notare che questa presunta "amica" approfitta di ogni opportunità possibile per buttarti giù e deprimerti in modo sottile e suscitare in te un senso di paura, di scarsa autostima e di colpa. Per quanto tempo potresti stare accanto ad una persona del genere? Probabilmente, prenderesti le distanze da questa persona nel momento stesso in cui comprendi qual è il suo intento, vero?

Immagina, ora, di prepararti per una maratona e che un tuo presunto "amico" continua a scoraggiarti. Ti dice: dubito che arriverai sino in fondo. Non sei allenato a sufficienza. Solo i masochisti si sottopongono a una fatica simile per fare una stupida gara. Potresti farti male. Hai aspettato troppo prima di iniziare. Meglio che rimandi all'anno prossimo.

Per quanto tempo saresti disposto a frequentare questo cosiddetto amico? Non molto, vero?

Bene, questo è quello che t'incoraggio a fare rispetto alla voce del tuo Super-io. Non devi starlo ad ascoltare un minuto di più.

Come fare? Ebbene, se sei come la maggior parte delle persone, ti sei abituato ad ascoltarlo nella falsa convinzione che, trovandosi nella tua mente, sta cercando di aiutarti e di darti dei buoni consigli. In realtà, questa voce critica non è la tua coscienza morale.

Ricordalo: Non è tua amica e non è la tua coscienza morale.

☐

CHE COSA VUOLE IL SUPER-IO?

Il nostro Super-io vuole essenzialmente che noi siamo a posto, vuole l'accettazione da parte degli altri, vuole la considerazione da parte degli altri. Vuole che noi siamo amati, accettati, apprezzati, ecc. E per ottenere questo, critica quei comportamenti che sono giudicati negativamente nel nostro ambiente.

Il Super-io, infatti, è molto conformista. Se, ad esempio, siamo cresciuti in un ambiente cattolico, il nostro Super-io vuole che ci conformiamo ai valori della Chiesa. Se siamo cresciuti in un ambiente laico o ateo, vuole che portiamo avanti un atteggiamento scientifico e razionale.

Tutto questo sembrerebbe positivo, no? Purtroppo non lo è per niente. Perché? Perché il nostro Super-io non sa quando fermarsi.

Certo, il suo intento originale è positivo, ma si è perduto nelle sabbie del tempo. Il suo confine si è esteso oltre misura, e ora la sua energia lavora contro di noi.

Tieni presente che il nostro Super-io è prevalentemente subconscio, quindi non opera all'interno della nostra coscienza.

Fino a quando il Super-io opera inconsciamente, è fuori dal nostro controllo e abbiamo poche possibilità di vincere la nostra battaglia nei suoi confronti. Per questo motivo, dobbiamo essere consapevoli di questa fondamentale parte della nostra psiche e trasformarla.

4 PRINCIPALI EFFETTI NEGATIVI DEL SUPER-IO

Come hai compreso, gli effetti del nostro Super-io sono molto negativi. Vediamo, qui sotto, i principali quattro effetti negativi:

1. Il Super-io uccide la nostra creatività: come possiamo esplorare qualcosa di nuovo quando c'è costantemente sussurrato che tanto siamo nell'errore e non ce la faremo mai?

2. Il Super-io mina la nostra autostima: come possiamo sentirci bene e stimarci quando abbiamo una parte che ci dice costantemente cosa c'è di sbagliato in noi?

3. Il Super-io genera la vergogna e senso di colpa. Infatti, considera tutte le nostre parti naturali del tutto insoddisfacenti. Cerca costantemente di cambiarci perché non gli andiamo bene così come siamo. Lui conosce a fondo i nostri pensieri, le nostre emozioni e le nostre azioni, anche quelle nascoste. Conosce bene anche le parti che tentiamo di nascondere agli altri. Ecco perché è una fonte costante di vergogna e senso di colpa.

4. Il Super-io ci rende persone depresse. La sua costante barriera di critiche è un peso insopportabile, che può portare a esaurimento fisico e psichico, fino alla depressione.

☐

COM'È L'ENERGIA DEL SUPER-IO?

È molto importante, per trattare con il nostro Super-io, imparare ad andare oltre il contenuto delle sue parole. Bisogna riconoscere che spesso questo contenuto non è tanto importante: quello che conta è l'energia con la quale il Super-io ci parla. Quella del Super-io è un'energia che ci ferisce, che ci fa sentire una persona triste, infelice e impotente.

La natura della comunicazione del Super-io è abusiva; c'è un attacco emozionale che deve essere sostenuto ogni volta. Il fatto è che il nostro Super-io è molto intelligente, anche perché ci conosce a fondo e sa quali sono i nostri punti deboli.

Una delle sue caratteristiche è proprio la precisione di dettaglio nell'attacco contro di noi. Ha la capacità di comunicare con questo tono di grande autorità.

Per comprendere gli attacchi del Super-io, dobbiamo tenere a mente che al di sotto c'è un livello di vulnerabilità e ansietà di questa parte di noi.

Il tema centrale per il Super-io è farci essere una persona sicura, accettata, di successo ed economicamente protetta. Vuole essere sicuro che noi non saremo abbandonati, giudicati stravagante, che non ci ammaleremo.

Il Super-io ricorda bene e ingigantisce le pene della nostra infanzia, e ancora sente, attraverso i sentimenti del nostro bambino Interiore, il terrore dell'abbandono che provavamo allora. Vuole disperatamente evitarci tutto questo, e il solo modo che conosce è di renderti perfetti.

☐

GLI ATTACCHI DEL SUPER-IO

Quali sono le situazioni che scatenano l'attacco del nostro Super-io? Ecco le principali:

La presenza di altre persone che ci giudicano dall'esterno.

In sintesi, tutte le situazioni che concernono dei giudizi esterni. Perché? Perché i giudizi esterni rendono il nostro Super-io molto ansioso.

Ci sono i giudizi delle persone intorno a noi, dei nostri cari, ma persino una pubblicità che incita a essere magri e belli può essere vissuta come un giudizio esterno.

Il giudizio esterno è un segno della presenza del Super-io dentro di noi: ce ne possiamo accorgere, ad esempio, quando ci allontaniamo da persone giudicanti.

Ad esempio, un figlio lascia i genitori troppo giudicanti, va a vivere distante, e pensa che tutto sia finito. Purtroppo, non è così! A livello interiore la voce del Super-io è molto giudicante e critica, e ce la portiamo sempre con noi. Quando qualcuno dall'esterno ci giudica, dobbiamo combattere una doppia battaglia: una all'esterno, e una con il critico invisibile che vive dentro di noi.

Le situazioni molto stressanti.

Ogni situazione di forte stress attiva il Super-io. L'affaticamento, la stanchezza, ma anche stress "positivi" come una promozione, il matrimonio, eccetera. Al di sotto c'è sempre una condizione di vulnerabilità.

L'emergere delle nostre parti rinnegate.

Se ci accade di lasciar emergere una nostra parte rinnegata in una situazione sociale o di lavoro, il Super-io sarà terrorizzato che saremo giudicati matti, stravaganti o che ci comporteremo in modo per lui vergognoso. In questo senso agisce come un genitore.

Ad esempio, puoi andare a un party e bere qualcosina di più; puoi quindi comportarti in modo più spontaneo, disinvolto o anche seduttivo. Il giorno dopo il Super-io ti attaccherà.

A volte le persone con un controllo molto rigido bevono alcolici o usano droghe proprio per uscire dal controllo: con l'aiuto dell'alcol, si sentono libere di lasciar emergere le loro parti rinnegate. Ma il loro Super-io critica e giudica ogni volta che questo accade.

Situazioni non familiari.

Anche qui, il tema centrale è la vulnerabilità. Viaggiare in posti sconosciuti, iniziare un nuovo lavoro, incontrare nuove persone, affrontare situazioni nuove, ecc.

Quando siamo in primo piano.

È una posizione che ci rende più vulnerabili perché siamo in qualche modo valutati; come ad esempio quando dobbiamo parlare in pubblico per la prima volta.

Momenti di crisi che necessitano cambiamenti.

La perdita del lavoro, essere bocciati a scuola, essere lasciati dal partner o da un amico, l'instabilità economica, la malattia.

Ognuna di queste situazioni è una minaccia che attiva la vulnerabilità e di conseguenza il potere del Super-io.

Il nostro compito è riconoscere sotto questi attacchi il nucleo vulnerabile, fragile e terrorizzato che giace dietro alle parole critiche e giudicanti del Super-io. La rabbia e la vulnerabilità sono due facce della stessa medaglia.

Esercizio: quali sono le occasioni in cui il Super-io ti attacca?

Chi sono le persone che costantemente provocano un attacco del tuo Super-io? Scegli una di queste persone, chiudi gli occhi e pensa all'ultima volta in cui eri con questa persona e poi rispondi alle seguenti domande:

Che cosa è esattamente che ti ha fatto sentire male?

Qual è stata la sua reazione?

Ricordi che cos'è accaduto?

Che cosa hai sentito a livello fisico?

Puoi pensare ad altre situazioni in cui ciò accade, con altre persone?

Nei prossimi giorni osserva gli schemi di attacco del tuo Super-io. Dopo che sono passati e ti senti meglio, cerca di scoprire che cosa li ha causati.

Accade con una persona in particolare?

Eri sotto stress?

Provavi fame o stanchezza?

Pensa allo schema di attacco e alla sua attivazione e immagina che stai dando consigli a qualcun altro che ha il tuo stesso problema. Se senti che il tuo Super-io riprende piede, interrompi la riflessione e riprendi l'esercizio in un altro momento o insieme a un'altra persona.

☐

IL SUPER-IO E IL BAMBINO INTERIORE

Quale parte di noi è più maltrattata dal nostro Super-io? La risposta è molto semplice: il nostro bambino interiore. Perché?

Il Bambino interiore è la parte di noi che resta sempre infantile e che porta molte nostre emozioni, in particolare quella della vulnerabilità. Il bambino interiore risponde più alle energie che alle parole, ed è sensibile, delicato; porta le nostre emozioni più profonde.

All'inizio, il Super-io si attiva per proteggere il bambino, per evitargli dolore e ferite. Tuttavia per fare questo assorbe tutti i messaggi negativi, le ingiunzioni, le critiche, i sensi di colpa e di vergogna e li butta addosso al bambino prima che lo facciano gli altri.

Se poi i genitori reali sono stati a loro volta abusivi, il comportamento invisibile del Super-io sarà dello stesso tipo, ma con un potere ancora maggiore perché opera dentro di noi e sa tutto di noi.

Ci sono molti modi attraverso i quali la nostra parte bambina può essere abusata, e alcuni sono sottili. Se attiriamo persone abusive nella nostra vita, possiamo essere certi che il nostro Super-io sarà altrettanto abusivo al nostro interno. Se non siamo consapevoli di questo, non ci possiamo separare dal nostro Super-io e viviamo in uno stato di vittima. Non sappiamo proteggerci.

Diventiamo vittime del mondo.

Esercizio: come il Super-io ha cercato di adattarti agli altri.

Crescendo, probabilmente hai sviluppato certi comportamenti per piacere i tuoi genitori, fratelli, sorelle, amici e insegnanti. Domandati che cosa facevi per piacere loro.

Quale comportamento era richiesto?

Ti adeguavi oppure ti ribellavi?

Avevi un ruolo assegnato in famiglia?

Com'era diverso dal ruolo dei tuoi fratelli o sorelle?

Cosa diceva il tuo Super-io per rimproverarti?

Come tentava di proteggerti il Super-io svalutando gli altri?

Ricordi qualche insegnante che ti faceva sentire male per via dei suoi giudizi? Rispetto a cosa ti sentivi male?

Nei tuoi rapporti attuali, verso chi hai un ruolo di giudice?

Rispetto a chi ti senti superiore, migliore, speciale?

Con chi ti senti inadeguato, come un bambino, nei due rapporti attuali?

Ricordi l'ultima volta in cui qualcuno è rimasto in silenzio in tua presenza? Che cosa hai pensato che l'altra persona pensasse di te?

La prossima volta che qualcuno resta in silenzio in tua presenza, cerca di sintonizzarti con il tuo Super-io e di capire come lui o lei interpreta i silenzi.

Cominci forse a pensare che la persona sia arrabbiata con te o annoiata?

COME INCIDE IL SUPER-IO NEI RAPPORTI?

Siccome si è sviluppato nei rapporti, il Super-io è un'energia legata alle relazioni. La sua domanda e preoccupazione favorita è: Cosa ne pensano gli altri?

Questa parte di noi è molto orientata verso le persone, ed è nelle nostre relazioni che si attiva maggiormente. Il Super-io guarda sempre gli altri, per immaginarsi come dovremmo essere. Non si preoccupa di guardare dentro, di ascoltare i nostri bisogni profondi, la nostra individualità di essere umano. La sua preoccupazione fondamentale è l'impressione che faremo agli altri. Dietro, ci sono le sue paure di non accettazione, di abbandono, di non essere amato.

Come già detto, la radice molto relazionale del

Super-io si nutre dei giudizi delle persone importanti della nostra vita. Così, possiamo aver sviluppato un Super-io le cui raccomandazioni echeggiano quelle dei nostri genitori e delle prime persone importanti, oppure possiamo esserci ribellati e aver adottato il punto di vista opposto. In questo caso, portiamo le energie rinnegate della nostra famiglia.

Ad esempio, i genitori di Enrico sono molto perfezionisti, tanto che è impossibile accontentarli. Allora Enrico smette di farlo. In più non gli piace come sono loro. Perché dovrebbe quindi tentare di essere come loro? Così, Enrico invece di sviluppare una personalità perfezionista va nella direzione opposta: diventa negligente, trascurato e impreciso nel suo modo di fronteggiare la vita.

Il suo Super-io giudica negativamente le persone che vogliono essere perfette, e pensa che il perfezionismo sia una follia. La vita deve essere goduta e tentare di renderla perfetta è uno spreco di tempo. Quindi, il Super-io di Enrico corrisponde a quello che ha rinnegato della famiglia.

Il suo Super-io lo giudicherà se tenterà di esser perfetto, salvo che in condizioni di stress come la perdita del lavoro, potrebbe anche essere capace di rovesciare il suo ruolo e criticarlo per essere troppo pigro, anche se non è il suo orientamento primario.

Nelle ultime generazioni, il Super-io ha sviluppato un altro ruolo riguardo ai rapporti. Anni fa, le persone si fidanzavano e impegnavano in rapporti di coppia semplicemente perché era arrivato il momento. Non c'era alcuna preoccupazione riguardo al fatto di essere o no pronti a ciò. Se si sentiva questo interesse, si presumeva di essere pronti.

L'aumento del divorzio negli ultimi trent'anni ha mostrato che non si è pronti automaticamente, e molte persone si chiedono se sono o no pronte per un rapporto durevole. Il Super-io si è assunto questa nuova responsabilità.

Al di sotto, si sente vulnerabile: è terrorizzato all'idea che l'altra persona ci trovi non adeguati, che la relazione non duri, che alla fine saremo abbandonati. Tuttavia, quando è il Super-io che si dà il ruolo di valutare se siamo o no pronti per un rapporto, possiamo ben immaginare come andrà a finire: non passeremo mai il suo test, vero?

Prima di pensare a un rapporto impegnato, dovremo, a suo avviso: perdere peso, rifarci il naso, trovare un lavoro migliore, in modo da poter affrontare le spese di una famiglia, prendere un'altra laurea, ecc. E poi non siamo mai emozionalmente pronti, vero? Ecco la ragione per cui, per realizzare un rapporto soddisfacente e duraturo è necessario trasformare il nostro Super-io.

Esercizio: che cosa vuole il tuo Super-io nei rapporti?

Sintonizzati sulla voce del tuo Super-io, per ascoltare le sue paure rispetto a ciò che gli altri pensano di te.

Forse queste affermazioni sono simili a quelle che i tuoi genitori facevano a suo tempo. Ad esempio, gli altri penseranno che sia ignorante, che sei egoista, che sei arrogante, che non sei gentile, che sei maleducato, ecc.

Quali dei suoi aspetti dominanti sono simili a quelli dei tuoi genitori?

Quali dei suoi aspetti dominanti sono l'opposto di quelli dei tuoi due genitori?

È importante osservare come il Super-io ti vuole nei rapporti, perché lui si è sviluppato nell'ambito delle relazioni. Il Super-io ha infatti imparato a guardarsi intorno e a cogliere i segnali di approvazione o disapprovazione, le regole famigliari e collettive. Gli altri sono sempre stati il suo metro di misura. A questo proposito domandati: Che cosa dice il mio Super-io riguardo al mio essere pronto o meno per una relazione di coppia?

Se sei già in coppia, rispetto a cosa ti considera inadeguato? Oppure, rispetto a cosa ti considera inadeguato l'altra persona?

Pensa all'ultima volta in cui il tuo Super-io ha assunto il potere nel tuo rapporto causandoti delle difficoltà. Ora pensa a un possibile comportamento alternativo che sarebbe stato migliore.

Ad esempio, tendi a essere molto disponibile e a non saper dire di no? L'altra sera volevi andare al cinema, ma il tuo partner ti ha proposto una serata con gli amici e tu hai accettato per condiscendenza, ma poi hai tenuto il broncio?

☐

IL QUADRANTE DEL SUPER-IO

Quanto spazio ha nella tua esperienza la voce del Super-io? Per comprenderlo t'invito a fare un esercizio che si chiama "Il quadrante del Super-io". Questo esercizio è utile per conoscere meglio il tuo Super-io, nelle sue due parti di critico e giudice interiore.

Esercizio: Il quadrante del Super-io

Prendi un foglio e suddividilo in quattro quadranti. Ora, riempi i quadranti utilizzando lo schema che segue.

Primo quadrante. Pensa a una persona che non sopporti, che ti dà più fastidio, in questo momento della tua vita.

Scrivi nelle righe che seguono il suo nome e le caratteristiche per cui la detesti. Ad esempio, perché è egoista, perché vuole controllare tutto, perché non mi considera positivamente, perché vuole dominarmi, ecc.

Secondo quadrante. Scrivi in questo quadrante le caratteristiche opposte a quelle che hai elencato nel primo. Continuando con il nostro esempio, l'opposto di egoista è altruista, ecc.

Terzo quadrante. Pensa ora a una persona che ammiri molto, e scrivi nel terzo quadrante il suo nome e le caratteristiche per cui la ammiri molto. Per esempio, Gandi per il suo essere leader spirituale non violento.

Quarto quadrante. Scrivi qui le caratteristiche opposte a quelle del quadrante tre, quello della persona che ammiri. Per esempio, l'essere leader autoritario e aggressivo.

Ora, cerchiamo di capire meglio che cosa ci descrivono i quattro quadranti del Super-io come giudice e critico interiore.

Il primo quadrante lo possiamo chiamare "il quadrante del giudizio".

Qui hai rimesso una persona che detesti, in altre parole delle parti di te che hai rinnegato e ti danno molto fastidio in un'altra persona, proprio perché le hai rinnegate.

Normalmente, quando vivi la tua vita, eviti di manifestare queste caratteristiche e, quando incontri una persona che le possiede, scatta il tuo Super-io, che le giudica aspramente.

Il secondo quadrante è quello che possiamo chiamare "il quadrante dell'obbedienza alle regole". Qui abitano i tuoi aspetti primari, quelli che ami mostrare a te e agli altri. Quando sei così, quando ti comporti così, il tuo Super-io è tranquillo. Se invece ti comporti come nel primo quadrante, il tuo Super-io ti farà sentire in colpa, oppure a disagio.

Il terzo quadrante lo possiamo chiamare "il quadrante dell'impotenza". Qui ci sono le tue rappresentazioni ideali. Il tuo Super-io ti vorrebbe così, ma al tempo stesso ti dice che non lo sarai mai, quindi alimenta il tuo senso d'impotenza.

Il quarto quadrante è "il quadrante della vergogna". Qui il Super-io ti dice chi sei "davvero" per lui. Guai se gli altri se ne accorgono! Questo è il tuo mondo nascosto e segreto. Il tuo Super-io, a volte, lo usa per criticarti aspramente e farti stare davvero male.

COME TRASFORMARE IL TUO SUPER-IO?

In che modo puoi trasformare il tuo Super-io?

Per rispondere a questa domanda è necessario ricordare che l'attacco del Super-io è in realtà una disperata richiesta di aiuto. È come un sistema di allarme che suona dentro di te per avvertirti del pericolo che corri.

Il tuo Super-io ti fa sapere che è infelice, ansioso e profondamente preoccupato di quello che stai facendo, sentendo o pensando. Teme che ti possa trovare di fronte al dolore, al rifiuto, all'abbandono, alla solitudine. È terrorizzato all'idea che farai una figura da stupida e incapace.

Ricorda: come e perché è nato il tuo Super-io? Il suo ruolo principale è quello di proteggerti come un cane da guardia.

Il Super-io ricorda il dolore che hai vissuto quando sei stato ferito nei tuoi sentimenti.

Il Super-io ricorda l'umiliazione e la vergogna che hai provato in passato.

Il Super-io ricorda il dolore che hai sentito quando le persone ridevano di te.

Il Super-io ricorda quando tua madre ti riprendeva di fronte agli amici e quando tuo padre rideva di te e della tua incapacità.

Ora, il tuo Super-io farà qualsiasi cosa per aiutarti a evitare quel dolore, anche se per riuscirci abuserà di te. Farebbe qualsiasi cosa per evitare di risentire quella sofferenza. Per questo non sopporta la tua vulnerabilità e i sentimenti di dolore, vergogna e paura che sono legati alla tua vulnerabilità.

Il Super-io deve mantenerti sempre all'erta, per fare le cose giuste, per avere le emozioni giuste, per imparare nel modo giusto, per lavorare nel modo giusto, ecc. Allora, forse, sarai al sicuro. Per far questo si trasforma da tranquillo cane da guardia a cane ringhioso che ti dice: sei una persona disgustosa! Sei proprio una persona debole! E ti critica e giudica gli altri.

Tu devi ricordarti che dietro questo "cane ringhioso", c'è un tranquillo cane da guardia che è preoccupato per te. Lui è preoccupato per la tua salute, è spaventato all'idea della malattia. Renditi conto che, in realtà, ti sta chiedendo aiuto, perché si sente sopraffatto dal mondo, dalle sue richieste e dalle sue esigenze.

Uno dei principi fondamentali da imparare per trasformare il tuo Super-io è quello della conversione. È necessario convertire il tuo disagio verso suo attacco nella comprensione della sottostante ansietà e paura che ha motivato quest'attacco.

Devi comprendere che l'attacco del Super-io è, in realtà, un grido di aiuto. Ti fa sapere che, a qualche livello, questa parte di te è infelice, ansiosa, profondamente preoccupata riguardo a ciò che stai facendo, pensando o sentendo. Ha paura che sperimenterai di nuovo il dolore, l'abbandono, il rifiuto.

Quando comprendi questo, toccherai finalmente la sua vulnerabilità, e sentirai la sua voce, totalmente diversa. Il Super-io ti dirà come sta male riguardo a tutte le informazioni conflittuali che gli sono fornite. Allora potrai parlargli con compassione, non più come una sua vittima.

IL DIALOGO CON IL TUO SUPER-IO

Proprio perché ti chiede aiuto, un modo molto efficace per trasformare il tuo Super-io è quello di dialogare con lui. Si tratta di dialogare con lui come se fosse una persona reale.

Esercizio: il dialogo con il tuo Super-io.
Qui ti propongo la versione scritta del metodo del dialogo interiore con il tuo Super-io, che può essere svolto anche verbalmente.

In sintesi, si tratta di scrivere al tuo Super-io, ponendoti nella posizione dell'Io. Il Super-io diventa quindi una voce interiore con cui puoi dialogare per iscritto. Puoi scrivere a questa tua voce interiore proprio come se stessi intrattenendo un dialogo con un'altra persona.

Il metodo è molto semplice. Ti sediamo di fronte a un quaderno e cominci a scrivere come se fossi il tuo Io che parla con una voce interiore che è il tuo Super-io. Ecco un esempio pratico:

Io: voglio parlare con te perché mi sono reso conto di quanto sei importante e di quanto influenzi effettivamente la mia vita.

Super-io: Bene, sono contento che tu apprezzi quanto sono importante per te. Se lo riconoscessi e facessi sempre quello che ti dico, le cose andrebbero molto meglio.

Io: non è esattamente quello che intendevo dire; comunque apprezzo la tua forza, ma mi rendo conto anche di quanto mi sei ostile. Continui a criticarmi.

Perché lo fai?

Super-io: è meglio che lo faccia io piuttosto che gli altri.

Come puoi verificare, scrivendo al Super-io sotto forma di dialogo puoi interagire con lui e conoscerlo meglio.

Un aspetto molto importante di questo esercizio è quello che ti abitui a considerarti come un "io" che dialoghi con le diverse parti che costituiscono la tua psiche ed è capace di governarle. Questo ti permette di distaccarti e prendere le distanze da queste parti, considerandole semplicemente come delle subpersonalità che puoi governare attraverso il tuo Io.

Molto importante, in questo esercizio, è mettere il più possibile se stessi nello scritto. Devi impegnare anche i tuoi sentimenti, oltre che pensieri. Più sentimenti metti in gioco, più il risultato sarà indicativo per te. Questo esercizio è molto semplice ed efficace per trasformare il tuo Super-io.

A volte le persone dialogano con le loro diverse parti semplicemente nella propria mente, senza scrivere il dialogo. Questo sistema può essere efficace e se per te funziona usalo frequentemente. La mia esperienza, però, mi dimostra che scrivendo si riesce a oggettivare più chiaramente la parte con cui stiamo dialogando e a rafforzare il nostro Io, che diventa sempre più la parte che governa le diverse subpersonalità.

Possiamo paragonare le diverse parti che costituiscono la nostra psiche ai musicisti e strumentisti di un'orchestra. Dobbiamo ricordare che, in ultima analisi, quello che deve essere rafforzato è il direttore d'orchestra. Senza il governo del direttore d'orchestra non è possibile mettere insieme tutti gli elementi disparati per produrre una sinfonia armoniosa.

Un esempio di dialogo con il Super-io è quello di Giovanni, che ha problemi di organizzazione sul lavoro. Il Super-io di Giovanni lo attacca dicendogli che sul lavoro è un pasticcione disorganizzato, che non sa mai dove stanno le cose ed è un miracolo se riesce a mantenere il suo impiego.

Giovanni ora riconosce la voce del suo Super-io e ne percepisce l'ansietà sottostante. Ecco un esempio del dialogo tra Giovanni e il suo Super-io:

Giovanni: voglio parlare con te perché mi sono reso conto di quanto mi critichi per come mi comporto sul lavoro.

Super-io: sono terrorizzato quando non sei organizzato. La situazione mi sembra fuori controllo e ho paura di quello che potrebbe succedere.

Giovanni: di cosa hai paura?

Super-io: ho paura che tu possa essere licenziato. Mi sento molto imbarazzato quando una cosa è nel posto sbagliato, perché ho paura che qualcuno se ne accorga e lo possa dire al capo ufficio. Ad esempio, la settimana scorsa non riuscivi a trovare uno dei documenti d'archivio ed io ero terrorizzato che il capufficio si mettesse a gridare contro di te. Non l'ha fatto, ma c'è mancato poco.

Come puoi constatare, grazie al dialogo scritto ora Giovanni conosce meglio di suo Super-io. È più consapevole dei suoi attacchi e della sua paura sottostante. Vede che la sua vulnerabilità è minacciata e che il Super-io si leva in sua difesa.

Ora Giovanni ha un Sé capace di governare il suo Super-io ed è in grado di parlargli con compassione. Non è più la sua vittima, ma è finalmente capace di offrire il sostegno di cui ha così disperatamente bisogno.

☐

MODIFICARE LA VOCE DEL TUO SUPER-IO

Un altro modo per trasformare il tuo Super-io è agire su di lui come una voce, che può essere modificata nel suo volume e tono. In questo caso lo trasformi in una voce interiore che puoi regolare a tuo piacimento. Il tuo Io può governare il tuo Super-io abbassando il suo volume e cambiando la sua tonalità a piacimento.

Considera il tuo Super-io semplicemente come se fosse una voce presente nella tua mente. Come si esprime questa voce interiore? Fai in modo di osservarla e sentirla.

Esercizio: Modifica la voce del tuo Super-io

Pensa a una situazione in cui te la sei presa con te per una cosa che hai fatto, oppure che non hai fatto. Osserva in che punto questa voce interiore ti parla. Cerca di esserne consapevole. In che punto si trova questa voce? Evidenzia, nel concreto, la posizione della tua voce critica interiore. Nella maggioranza delle persone questa voce si trova nella testa. È anche il tuo caso?

Ora, immagina che nella tua mente esista un regolatore di volume che ti permette di aumentare o di ridurre il volume della voce critica che parla dentro di te. Soffermati a giocare un attimo con questa manopola, che regola il volume della tua voce interiore.

Ora, alza il volume della tua voce critica e giudicante. Osserva come stai quando il volume di questa voce nella tua mente è più alto. Come ti senti ora?

Molte persone dichiarano di sentirsi più arrabbiate e sotto pressione. Riferiscono di essere più confuse e meno in grado di esercitare un controllo. Quando questa voce è più alta può causare persino dolore fisico.

Ora, fai l'esatto opposto. Abbassa il volume di questa voce critica e giudicante. Fallo a tal punto che il suo suono sia così flebile da diventare quasi indistinguibile.

Come ti senti ora? La maggior parte delle persone sostiene di provare un senso di serenità, quando il rumore della voce critica è abbassato e quasi annullato. Molte persone dichiarano di essere più felici, meno oppresse, meno confuse.

Durante la giornata osserva quante volte la voce giudicante interviene improvvisamente nei tuoi pensieri. Una volta consapevole di questa voce critica e giudicante, poniti le seguenti domande: Questa voce è mia amica, oppure è un avversario? Questa voce giudicante vuole fare di me una persona vincente o una persona perdente? Questa voce giudicante, vuole che io abbia successo, oppure che fallisca?

Scoprirai che questa voce giudicante non è tua amica. La lezione più importante di questo esercizio è diventare consapevole della presenza della voce del Super-io dentro di te. Questa voce non vuole che tu vinca e abbia successo.

Non appena riconosci i pensieri tipici del tuo Super-io e gli effetti che ha su di te, puoi motivarti maggiormente a sfidarlo e vincerlo. Puoi rapidamente ottenere il controllo della situazione abbassando il volume di questa tua voce interiore.

Tutto questo discorso sulla voce del Super-io presente nella nostra mente è utile? Certo che sì! Ti faccio un esempio: supponi di avere messo insieme tutti gli ingredienti giusti per raggiungere un tuo obiettivo, ma che all'improvviso senti l'emergere di molta ansia. Inizi a dubitare della buona riuscita.

Ti chiedi: che cosa mi fa pensare che ce la farò? Chi credo di essere? E se poi non ce la faccio? Allora ti trovi in uno stato di demotivazione, di pesantezza e di confusione. La tua motivazione ad andare avanti è svanita. Il tuo entusiasmo è calato drasticamente.

Perché succede tutto questo?

All'improvviso, capisci che cos'è successo. Riacquisti la consapevolezza del tuo Super-io nel tuo mondo interiore. Comprendi chiaramente che è entrato in scena il tuo Super-io, che ti critica mentalmente e ti spinge a dubitare di te, a lasciar correre.

Allora ti fermi. Comprendi che il Super-io ti sta sfidando ed è iniziata una nuova partita. Accetti la sfida e utilizzi la tecnica della manopola. Prima alzi il suo volume, poi l'abbassi. Abbassando il volume della tua voce giudicante ritrovi la tua serenità mentale e la motivazione per raggiungere il tuo obiettivo.

Osserva il più possibile il legame tra la tua sensazione di scoraggiamento e la presenza della voce del Super-io con i suoi rimproveri. Questa voce critica interiore esiste, sia pure in misura variabile, in ogni individuo.

Essa mina la nostra capacità d'interpretare gli eventi in modo realistico, scatena gli stati d'animo negativi e distrugge la nostra ricerca della soddisfazione e del senso della vita.

Essenzialmente, questa voce ci tiene bloccati nel nostro sistema di difesa, mentre il nostro lato più sano (il nostro Sé) lotta per liberarsi da queste catene. Questi pensieri distruttivi interiorizzati suscitano un senso di alienazione. Ci trasmettono la sensazione di esserci allontanati da noi stessi e di essere lontani dalle persone che amiamo. Quando crediamo alle interpretazioni negative di questa voce

ACCETTAZIONE E NON GIUDIZIO

Per trasformare il nostro Super-io dobbiamo sviluppare le qualità dell'accettazione e del non giudizio. Queste sono due qualità proposte anche da diversi maestri spirituali, come via di liberazione. Per quale motivo?

Come hai compreso, una delle tendenze più dannose del nostro Super-io è quella di giudicare noi stessi e gli altri. Il Super-io ci spinge a criticare e giudicare tutto, dalle persone che ci troviamo davanti, al modo in cui sono vestite, da quello che fanno, al loro modo di parlare e di atteggiarsi.

Siamo trascinati in questo turbine di giudizi riguardo a tutto ciò che è interno ed esterno rispetto a noi e, il più delle volte, lo facciamo senza neanche rendercene conto. Un giudizio tira l'altro, una critica negativa se ne porta dietro un'altra peggiore. Alla fine della giornata ci troviamo di cattivo umore senza neanche renderci conto del perché. Ci troviamo anche a essere senza energie e privi di stimoli per portare avanti qualunque progetto.

Qual è l'antidoto al giudizio su noi stessi e gli altri? In sintesi, è l'accettazione di noi stessi e degli altri.

Si tratta di accettare quello che è senza giudicarlo. Solo così lasciamo la strada aperta all'universo perché realizzi i nostri desideri nel modo che è veramente migliore per noi e non nel modo che, nella nostra visione ristretta, giudicavamo essere più favorevole. Solo così riusciremo a renderci conto che, con il tempo, le cose possono andare persino meglio di come le eravamo prefigurate.

L'accettazione è una grande qualità, che fa sì che i nostri desideri possano essere realizzati e che l'universo possa continuare la sua opera. Con il giudizio, al contrario, gli chiudiamo la strada e priviamo di energia positiva la scia di avvenimenti che l'universo ha predisposto per la nostra realizzazione.

Il segreto di una vita gioiosa si trova nell'accettazione e nel non giudizio. Si tratta di accettare che la vita si presenterà a noi in una forma diluita di bene e male. Si tratta di accettare la vita e amarla per quello che è astenendoci dal giudizio per tutto ciò che c'è poco gradito. Il segreto di una vita gioiosa si trova nel saper accettare tutto quello che si vive. Questa è la via dell'accettazione e del non giudizio, che trasforma la voce del nostro Super-io.

Questo è anche quello che ci propone il grande maestro Gesù, quando dice ai suoi discepoli: Non giudicate e non sarete giudicati; non condannate e non sarete condannati; perdonate e vi sarà perdonato. (Luca 6,37).

Il messaggio di Gesù è molto chiaro. Il suo appello al non giudizio riguarda la vita quotidiana. Gesù, che conosce il cuore umano, non è vittima delle motivazioni più nascoste. Egli dice: "Perché guardi la pagliuzza che è nell'occhio di tuo fratello, e non t'accorgi della trave che è nel tuo?" (Luca 6,41).

☐

USARE LE AFFERMAZIONI POSITIVE

Per trasformare il nostro Super-io possiamo usare anche lo strumento delle affermazioni positive. L'uso di affermazioni positive è un'ottima maniera per trattare la negatività del Super-io, affermando l'accettazione e il non giudizio.

Le affermazioni positive sono suggestioni che inviamo alla nostra mente conscia e inconscia. Si possono utilizzare pronunciandole, oppure scrivendole.

Le affermazioni positive sono anche un modo molto efficace per fare da genitori al nostro bambino interiore e per gestire la negatività del nostro Super-io.

Come potrai constatare, sono impiegate per affermare il nostro lato positivo dell'accettazione e del non giudizio. Tieni presente che il ritornello del Super-io è il seguente: il tuo problema è... che sei troppo stupido, inadeguato, incapace, grasso, magro, basso, giovane, vecchio, eccetera. Tutte queste sono affermazioni negative che il Super-io installa nella nostra mente.

Queste affermazioni del Super-io, invece che sostenerci, hanno l'effetto di demoralizzarci e di demolirci. A queste affermazioni negative del Super-io, dobbiamo quindi contrapporre delle affermazioni positive. Ecco la ragione principale per cui le affermazioni positive sono necessarie.

È necessario, però, tenere presente che le affermazioni da sole non sono sufficienti per trasformare il Super-io. Esse sono efficaci se abbinate ai metodi descritti nei precedenti capitoli. Con questa combinazione, abbiamo a disposizione il meglio delle tecniche e possiamo approfittare dell'enorme sostegno offerto dalle affermazioni positive.

Esercizio: Usare le affermazioni positive

Esistono decine di affermazioni positive che

possiamo utilizzare per compensare le osservazioni negative del nostro Super-io. Ecco alcuni esempi di queste affermazioni positive:

Anche se io sono il mio peggior giudice, mi amo e mi accetto profondamente e completamente, senza giudizio.

Anche se non mi accetto completamente, io sono disposto ad accettare che mi sento in questo modo.

Anche se sento il bisogno di non accettare me stesso, io sono disposto a staccarsi da questa esigenza.

Nota come l'affermazione è strutturata in due parti: la prima afferma il problema e la seconda la soluzione. Questa è la maniera più adeguata di comporre le affermazioni positive.

Anche se (problema) io mi amo e mi accetto così come sono (soluzione). Tieni presente che l'accettazione e l'amore di sé stessi è la soluzione ideale per i problemi creati dal nostro Super-io. Se, di fronte a un attacco del Super-io, non ti viene in mente nessuna affermazione, puoi usare semplicemente la seguente: Io amo e mi accetto così come sono.

Ecco altre affermazioni positive che riguardano anche l'origine del nostro Super-io e la necessità di diventare i genitori di noi stessi:

Anche se i miei genitori non potevano accettarmi così come sono, io sono disposto ad accettarmi pienamente e completamente.

Anche se io sono molto critico verso me stesso, tutti i giorni e in ogni modo scelgo di valutarmi positivamente, di accettare e approvare me stesso.

Sono disposto a lasciar andare il bisogno di criticare me stesso.

Sono disposto a lasciar andare il bisogno di criticare ciò che faccio.

Posso solo fare una cosa alla volta, e ho scelto di essere una persona creativa.

Allontanandomi dalla critica e dal giudizio, ho scelto di creare la mia vita con successo.

Sono disposto a lasciar andare la necessità di essere perfetto.

Metto il cuore e l'anima nel mio lavoro e confido che è buono.

Tutto ciò che creo crea ha successo.

Tutto ciò che creo, crea successo e reddito illimitato.

Anche se non riesco a intervenire sulle mie idee e sono pieno di dubbi e di insicurezza, mi amo e mi accetto profondamente e completamente così come sono.

Sono disposto a lasciar andare il continuo giudizio sulle mie idee e scelgo di agire ispirato.

Scelgo l'azione ispirata e lascio andare il dubbio. Agendo, io acquieto mie paure e i miei dubbi.

Quando agisco, vedo che la mia idea funziona e mi dirigo verso il successo.

Ogni giorno la mia fiducia cresce, quando agisco coerentemente verso la manifestazione dei miei desideri.

E preferisco imparare a essere tollerante quando sbaglio, perché è umano sbagliare ogni tanto o perché sbagliare ogni tanto è un mio diritto e mi dà la possibilità di imparare.

Altre affermazioni positive molto utili sono le seguenti, perché rilevano la necessità d'imparare:

Preferisco imparare a rilassarmi e a darmi apprezzamento e amore e continuare a espandere la fiducia nelle mie capacità.

Preferisco imparare ad accettarmi, rilassarmi e lasciare emergere sempre di più le mie qualità profonde.

Preferisco imparare a mangiare e bere in modo equilibrato.

Preferisco imparare ad apprezzarmi e aprirmi alla condivisione, a dare e ricevere amore.

Usare il concetto di "imparare" è importante, perché pone l'accento che questo è un processo, qualcosa che ha bisogno di tempo e abbiamo tutto il diritto di sbagliare ogni tanto, perché è normale mentre si sta imparando.

Anche in questo caso, deposita la tua affermazione positiva nell'inconscio durante il rilassamento, e poi ripetila spesso dentro di te anche nel tuo stato di coscienza abituale.

È particolarmente utile riprogrammarci la mattina prima di svegliarci del tutto e la notte prima di addormentarci. In questi momenti, la mente conscia sta scivolando nell'inconscio e oppone minor resistenza, così le nostre parole possono penetrare più in profondità. La nostra mente trasforma costantemente i pensieri in reazioni fisiche. Imparare a dirigere il potere della mente perché serva i nostri migliori interessi invece che i peggiori significa predisporsi a un incredibile cambiamento.

MIGLIORARE L'AUTOSTIMA CON L'AUTOSUGGESTIONE

Questa parte è finalizzata al miglioramento della tua autostima tramite l'autosuggestione.

Esercizio: Migliora la tua autostima con l'autosuggestione

Realizza questo esercizio quando sai che nessuno può disturbarti. Puoi realizzarlo sedendoti su una sedia o una poltrona, oppure sdraiandoti su un letto o un materassino.

La tua mente è come un immenso computer; quello che inserisci al suo interno, poi lo vedi all'esterno. Imparerai a introdurre naturalmente delle affermazioni positive su di te. In questo modo la tua autostima migliorerà sempre di più. Vedrai molto più chiaramente i tuoi aspetti positivi. Inizierai a sviluppare un atteggiamento mentale che ti aiuterà a riconoscere il rispetto che meriti.

Chiudi gli occhi e inizia ad ascoltare tutte le indicazioni positive che ti fornirò profondamente all'interno del tuo inconscio. Più riesci a rilassarti, più la tua autostima migliorerà.

Libera il tuo potenziale inespresso dentro di te. Sinora hai lasciato il tuo potenziale in balia delle critiche e dei giudizi del tuo Super-io. Da adesso in poi, non permetterai più che ciò avvenga, perché ti concentrerai solo su affermazioni positive. Quando la tua mente si concentra in una direzione positiva, inizi a utilizzare le tue reali potenzialità.

Ora, puoi concentrare la tua attenzione sul tuo respiro. Inizia a respirare profondamente e lentamente. Mentre inspiri, gonfi l'addome; quando espiri, l'addome rientra. Questa si chiama respirazione diaframmatica ed è il modo corretto di respirare. E continui a respirare in questo modo, inspirando dal naso ed espirando dalla bocca, inspirando dal naso ed espirando dalla bocca, inspirando dal naso ed espirando dalla bocca.

Lascia che si crei una respirazione circolare. E ogni volta che espiri, ripeti mentalmente la parola "rilassamento". Rilassamento. Rilassamento. Rilassamento. Rilassamento.

Puoi utilizzare questa tecnica respiratoria per 10 volte o più, sino a quando ti senti a tuo agio, per poi lasciarla gradualmente andare e il tuo respiro ritorna alla normalità. Ricordati di utilizzare questa tecnica ogni volta che avrai bisogno di calmarti e rilassarti.

Fai alcuni lenti e profondi respiri diaframmatici. Senti molta calma e tranquillità. Mentre ti concentri sul tuo respiro, ti guiderò nel tuo profondo, nella parte più profonda e creativa della tua mente. Concentrati sul sentirti davvero bene.

Fra poco ti chiederò d'immaginare alcune cose. Non è importante se non riesci a immaginare tutto quello che ti dico. Potresti addirittura trovarti a divagare con la tua mente, ma la mia voce rimarrà in sottofondo. Il suono della mia voce continuerà a rilassarti. Il tuo rilassamento diventa sempre più profondo.

Ora, immagina di essere in piedi. Davanti a te c'è una lunga scalinata che conduce da dove sei adesso ad arrivare nel profondo del tuo inconscio.

Tutto ciò che ti circonda è bello e piacevole. Le scale sono solide e sicure con un lungo corrimano che scende fino alla fine della scalinata. Le puoi vedere chiaramente.

Fra qualche istante inizierò a contare da 10 a 1. A ogni numero non solo ti rilassi, ma fai un passo da dove sei verso un più profondo stato di rilassamento.

Passo dopo passo. E quando fai il primo passo, puoi fermarti per un istante e chiederti dove vuoi andare. E puoi fare un altro passo verso il tuo luogo di rilassamento preferito. È un posto dove senti tranquillità, sicurezza e pace.

10 scendi in profondità, scendi in profondità, scendi in profondità.

9, scendi in profondità, scendi in profondità, scendi in profondità.

8, lasciati andare, lasciati andare, lasciati andare.

7, lasciati andare, lasciati andare, lasciati andare.

6, senti tranquillità e sicurezza, senti tranquillità e sicurezza, senti tranquillità e sicurezza.

5, 4, adesso senti motivazione e ispirazione, senti motivazione e ispirazione, senti motivazione e ispirazione.

3, sempre più profondamente, sempre più profondamente, sempre più profondamente.

2, sempre più profondamente, sempre più profondamente, sempre più profondamente.

1, rilassati profondamente, rilassati profondamente, rilassati profondamente.

Vai sempre più giù, in profondità. Ora senti un rilassamento molto profondo e senti sempre maggiore sicurezza e conforto. Non è un rilassamento normale, è un tipo di rilassamento molto profondo, in cui sei in grado di sentire tutto quello che ti dico.

In questo stato, ogni mio suggerimento positivo si radica profondamente nel tuo inconscio e diventa parte della tua realtà interiore.

Da adesso in poi, non permette più al tuo Super-io, che è una tua voce interiore, di criticarti e giudicarti negativamente. Se nel passato il tuo super-io ha avuto l'abitudine di criticarti e buttarti giù, adesso la smette per sempre. Sostituisci questo Super-io negativo in un tuo alleato positivo. Il tuo Super-io si concentra sulle tue qualità. La tua mente inconscia crede a tutto quello che le dici e agisce di conseguenza rispetto a quello che tu affermi di te. Da adesso in poi coltiva l'abitudine di dire solo cose positive su di te.

La voce interiore del tuo Super-io si trasforma in una voce positiva. Questo accade anche quando parli di te agli altri. Senza vantarti, ma semplicemente smetti di buttarsi giù. Da adesso in poi, parli di te solo in modo positivo.

Ti perdoni completamente per ogni errore del tuo passato. Quando fai un errore, ammetti di aver fatto un errore e impari da esso. Non ti critichi più. Eviti di giudicare gli altri.

Spesso, le lezioni più importanti della vita s'imparano dagli errori, che si fanno. Ora vedi gli errori come esperienze di apprendimento.

Un altro passo importante per migliorare la tua autostima è imparare ad amarti, non in modo egoistico o vanitoso. Quando impari ad amarti e rispettarti, ti apri alla possibilità di provare amore e rispetto anche per gli altri. Coltiva l'abitudine di amarti, riconoscendo tutto quello che hai realizzato.

Concentrati sui tuoi aspetti positivi su ogni tuo risultato. Riconosciti il merito dei tuoi risultati, sia grandi sia piccoli. Considera attentamente tutto quello che hai realizzato e prova orgoglio.

Quando impari davvero ad amarti, crei una forza e un'energia che fa sì che le critiche interne ed esterne non ti disturbino più come accadeva in passato.

Se qualcuno cerca di feriti o di buttarti giù, adesso ti rendi conto di come è facile andare oltre e lasciare che la tua autostima migliori sempre di più.

Ti rendi conto che le persone che criticano gli altri sono molto insicure e cercano in questo modo il mascherare le loro debolezze. Quindi, non te la prendi più per le critiche altrui e le vedi per quello che sono. Vai oltre.

E mentre la tua autostima continua a migliorare ti rendi conto che attiri solo persone positive e ti allontani da quelle negative che ti prosciugano della tua energia.

E mentre lasci che questi suggerimenti si radichino profondamente nella tua mente inconscia, ti chiedo di ripetere alcune frasi insieme a me.

Mentre le ripeti, dille con convinzione ed emozione. Immagina, adesso, che ogni parte di te ripeta queste affermazioni con reale convinzione ed emozione.

Ora, ripeti dopo di me:

Mai e per nessun motivo critico me stesso. Mai e per nessun motivo critico me stesso. Mai e per nessun motivo critico me stesso. Mai e per nessun motivo critico me stesso. Mai e per nessun motivo critico me stesso.

Ogni giorno la mia autostima diventa sempre più forte. Ogni giorno la mia autostima diventa sempre più forte. Ogni giorno la mia autostima diventa sempre più forte. Ogni giorno la mia autostima diventa sempre più forte. Ogni giorno la mia autostima diventa sempre più forte.

Sono pienamente consapevole che il mio reale valore. Sono pienamente consapevole che il mio reale valore. Sono pienamente consapevole che il mio reale valore. Sono pienamente consapevole che il mio reale valore. Sono pienamente consapevole che il mio reale valore.

Credo in me stesso. Credo in me stesso. Credo in me stesso. Credo in me stesso. Credo in me stesso.

Mi perdono per qualsiasi errore abbia fatto. Mi perdono per qualsiasi errore abbia fatto. Mi perdono per qualsiasi errore abbia fatto. Mi perdono per qualsiasi errore abbia fatto. Mi perdono per qualsiasi errore abbia fatto.

Vivo la mia vita con fiducia e coraggio. Vivo la mia vita con fiducia e coraggio. Vivo la mia vita con fiducia e coraggio. Vivo la mia vita con fiducia e coraggio. Vivo la mia vita con fiducia e coraggio.□

IL SUPER-IO TRASFORMATO

Cosa accade al tuo Super-io quando sei capace di governarlo? Semplicemente si ritrasforma in un fedele cane da guardia che serve il suo padrone. Quando il tuo Io si assume la responsabilità della tua vita, il tuo Super-io non si sente più così in ansia, e hai la possibilità di usare i suoi talenti in un modo nuovo, facendolo diventare un sostegno per la tua vita.

Il Super-io riesce a sviluppare una consapevolezza dei tuoi bisogni e li prende in considerazione, quando ti offre il suo consiglio. Ti protegge e protegge la tua creatività. Ecco le qualità del tuo Super-io trasformato:

Ti dona una mente più obiettiva.

Il Super-io ha sempre avuto la capacità di analizzare qualsiasi cosa! La sua intelligenza è notevole. Quando si trasforma, mantiene la sua intelligenza, ma ora la sua analisi e la sua valutazione non sono più giudicanti e sono al nostro servizio.

Ora è una parte più obiettiva, e le sue osservazioni sono di discernimento piuttosto che di giudizio e condanna. La chiave qui è che non sentiamo più la minaccia quando il Super-io finisce i suoi commenti. Non ci sentiamo più come se stessimo sempre sbagliando; non sentiamo di aver perso la nostra ultima opportunità di avere successo nella vita.

Il Super-io ha ora la qualità di una mente obiettiva, capace di discernimento. È razionale e ci aiuta a pensare chiaramente. Può rivedere un lavoro e, senza giudizio, evidenziare cosa c'è di buono, oppure no. Ci può mostrare cosa manca o cosa può essere fatto differentemente. Può osservare il nostro comportamento e i suoi effetti sugli altri. Può fornirci informazioni sui diversi aspetti delle nostre relazioni interpersonali. Può aiutarci nel crescere i nostri figli. È di grande aiuto nello stabilire limiti e nel proteggere i nostri confini.

Ti dà la capacità di concentrarti

Un altro dono che ci può portare il Super-io trasformato è la capacità di focalizzare la nostra attenzione. Le sue percezioni sono chiaramente focalizzate, anziché disperse. Ricordi come si può concentrare sul più piccolo dettaglio? Ora questa capacità può lavorare a nostro favore. Invece di focalizzarsi su cosa c'è di sbagliato, può portarci questa capacità di concentrazione.

Il Super-io, a causa del suo approccio alla vita di tipo razionale, non è distratto dai sentimenti; perciò, può mantenere la sua focalizzazione nonostante le distrazioni. Con questa capacità, il Super-io può portarci la pazienza. Il Super-io aveva una pazienza infinita nel passato, nel ricercare cosa era sbagliato, e ora può portare questa pazienza nel lavorare per noi piuttosto che contro di noi.

Ti dà maggiore disciplina.

Lo scopo del nostro Super-io era di farci agire al meglio in modo che noi fossimo sicuri, amati e di successo nella vita. Come un alleato, il Super-io continua a perseguire questo scopo.

Tuttavia, ora, la sua pressione affinché facciamo meglio non è quella pressione continua e crudele che aveva prima. Quando si trasforma, il Super-io diventa consapevole dei nostri limiti e delle nostre vulnerabilità. Perciò, le sue richieste sono ragionevoli e il suo sostegno ci aiuta a essere disciplinati nei compiti che ci diamo.

Ti dà una maggiore autorevolezza nel mondo.

Ricordi la incontestabile autorità del Super-io? Le sue affermazioni suonavano come l'assoluta verità. Bene, quando il nostro Super-io si trasforma, questa autorità è ora disponibile direttamente, dandoci maggior potere nel mondo. Questa nuova autorità ci permette di presentarci senza dubbi ed esitazioni. Non dobbiamo più sapere tutto; la sua autorevolezza è a nostra disposizione.

Sviluppa la tua coscienza morale.

Il Super-io diventa capace di discriminare riguardo a questioni morali, a ciò che è giusto o sbagliato. Nel suo stato negativo, il Super-io spesso ci tormentava suggerendo che eravamo "cattivi", irrimediabilmente nell'errore.

Il Super-io trasformato, invece, può valutare oggettivamente le nostre azioni in termini etici o morali e aiutarci a prendere decisioni. Ognuno di noi ha un insieme di valori e un senso di ciò che è giusto o sbagliato; vorremmo avere fede a certi standard morali, anche se non sempre sappiamo chiaramente quali sono. Semplicemente non ci sentiamo bene dentro quando andiamo contro i nostri principi e valori. Il Super-io trasformato può aiutarci a fare chiarezza e così ad avere fede ai nostri principi e valori.

Libera la tua creatività

Quando il nostro Super-io è trasformato la nostra creatività è libera, perché lui non la sta più bloccando. Possiamo vivere la nostra vita creativamente e gioire del nostro processo creativo.

Abbiamo sempre considerato il Super-io come una delle più grandi interferenze al processo creativo. Come possiamo vivere una vita creativa, con qualcuno dentro che ci dice che non riusciremo? Un forte Super-io mina il nostro coraggio evidenziando solo le nostre debolezze e inadeguatezze.

Quando il Super-io è trasformato, diventa un sostegno per la nostra creatività. Ci fornisce la focalizzazione, il discernimento, la disciplina che sono tutti elementi molto importanti per ogni processo creativo. Agisce più come un buon genitore di un bambino creativo e pieno di immaginazione.

Ultimo, ma non meno importante:

Il Super-io trasformato è in grado di guidarci a migliorare noi stessi come un processo di crescita, invece che come un dovere, perché non c'è niente di sbagliato in noi.

ASCOLTIAMO IL NOSTRO SÉ

Oltre al Super-io, fortunatamente, esiste un'altra voce che possiamo ascoltare dentro di noi. Questa è la voce del nostro Sé. Questa è la nostra vera voce amica, la nostra vera coscienza e consapevolezza.

Imparare ad ascoltare il nostro Sé è un processo fondamentale per la nostra crescita personale e spirituale. Iniziamo a lasciarci guidare verso il nostro vero scopo della vita, con modalità miracolose.

Continuando a leggere questo capitolo comprenderai l'importanza fondamentale dell'ascolto del nostro Sé. Questo ascolto rafforza il nostro Sé che è sempre più in grado di governare le diverse parti della nostra psiche.

Nella mia esperienza, l'ascolto del mio Sé mi ha dato la libertà necessaria per procedere più rapidamente verso ciò che desideravo davvero.

Esercizio: Distingui la voce del tuo Super-io e abbassala

Per ascoltare la voce del nostro Sé è necessario sviluppare una maggiore consapevolezza del nostro dialogo interno. È necessario saper distinguere la voce del nostro Sé rispetto a quella del nostro Super-io. Ecco come cogliere le differenze tra le due voci.

Il modo più semplice consiste nell'osservare il nostro stato d'animo, riguardo a ciò che ci dice una determinata voce interiore. Quella voce ci fa sentire incoraggiati, valorizzati e motivati positivamente? Oppure proviamo una sensazione di scoraggiamento, d'incapacità e di abbattimento?

Spesso, quando parla la voce del nostro Super-io ci sentiamo giù, vero? Facendo risalire questo stato d'animo alle parole che lo hanno generato nella nostra mente, ci sarà chiaro il motivo del nostro abbattimento.

Chiunque si sentirebbe depresso se avesse una voce interiore che dice cose del tipo:

Sei una persona stupida!

Non combinerai niente di buono la tua vita!

Non riuscirai mai a realizzare qualcosa di positivo nella tua vita!

È necessario sviluppare una consapevolezza maggiore riguardo a come alcuni nostri stati d'animo siano direttamente collegati alle parole che rivolgiamo a noi stessi, al nostro dialogo interiore.

È necessario notare ciò che diciamo a noi stessi quando il nostro Super-io prende la parola. Osserviamo, prima di tutto, se ci parla nella prima persona singolare, io, oppure nella seconda, tu. Questa voce dice: Sono davvero uno stupido! Non sono in grado di farlo! Oppure afferma: Sei davvero stupido! Non sei in grado di farlo?

A questo punto, cambiamo la modalità espressiva di questa voce. Se usa la forma tu, trasformiamola in io. Questa modifica accresce la nostra sensazione di abbattimento, oppure contribuisce a risollevarci? Verifichiamo se c'è una differenza. Se riusciamo a notare quello che ci dice la voce del nostro Super-io, possiamo correggere il modo in cui si parla. Siamo quindi in grado di governarlo attraverso il nostro Sé consapevole.

Poi, cerchiamo di regolare il volume della voce del nostro Super-io, come abbiamo imparato in un precedente capitolo. Immaginiamo che ci sia una manopola in grado di alzare o di abbassare il suo volume. Ora alziamo il volume della voce. Sembra una cosa strana, ma proviamo a regolare il volume in modo che la nostra voce critica parli nella nostra mente con un tono ancora più alto e osserviamo il nostro stato d'animo.

Ora abbassiamo il volume e osserviamo se ciò modifica il nostro stato d'animo. Probabilmente ci sentiremo meglio quando la nostra voce critica sarà abbassata. Non appena ce ne rendiamo conto, possiamo abbassare il volume del nostro Super-io quando vogliamo. Questo è un metodo di governo di questa nostra parte molto potente. Meglio ancora, possiamo anche spegnerla del tutto e non sentirla più. Possiamo ottenere il silenzio interiore, che è il luogo dove risiede il nostro Sé, come afferma Thich Nhat Hanh nel sul libro Il dono del silenzio (2015). Il questo modo, non permettiamo più, alla voce critica e giudicante, d'influenzarci negativamente.

Siccome stiamo prendendo consapevolezza di poter controllare le manopole e i regolatori del nostro cervello, ci sentiamo in grado di governare meglio il nostro Super-io.

Stiamo iniziando ad accorgerci che possiamo governare i nostri pensieri e i nostri stati d'animo? Una volta che abbiamo imparato a governare la nostra voce critica e giudicante, possiamo anche apprendere a entrare in contatto con la voce del nostro Sé. Questa è la voce che ci valorizza, che c'incoraggia e ci riempie di entusiasmo.

Esercizio: Ascolta voce del tuo Sé

Ora parliamo di una forza più profonda del semplice pensiero. Mi riferisco al Sé, che abita nel nostro cuore e rappresenta la nostra consapevolezza. Sotto tutti i nostri ricordi del passato o del futuro, al livello subconscio, c'è una parte di noi che conosce tutte le risposte che ci servono per avere successo e sentirci realizzati nella nostra vita.

Hai mai avuto un'intuizione una sensazione che stesse per accadere qualcosa di bello o di brutto? Hai mai percepito un senso di certezza che una decisione che avevi preso fosse giusta o sbagliata?

Possiamo chiamare con il termine intuizioni questo genere di impressioni. È una sorta di sesto senso, che io preferisco chiamare: le affermazioni del nostro Sé.

Se vogliamo avere successo, dobbiamo fare attenzione ai messaggi del nostro Sé, alle sue affermazioni che, di solito, sono molto positive e incoraggianti. Dato che sono così incoraggianti, perché nessuno c'insegna ad ascoltarli?

Pensa a una volta in cui hai avuto un'intuizione molto precisa, riguardo a qualcosa o a qualcuno. Fai scorrere mentalmente la banca dati della tua memoria per trovare un buon esempio. Lì c'è il ricordo di una tua intuizione. Ritorna a quella situazione come se stessi rivivendo quell'esperienza. In altre parole, ricordati che cosa ha significato essere fisicamente al tuo posto in quell'occasione e vivi nuovamente l'intuizione.

Ora, fai scorrere la scena fino al momento in cui avviene l'intuizione. A quel punto congela il fotogramma per individuare l'esperienza dell'intuizione stessa.

Quali indizi hai percepito che ti hanno permesso di capire che quel genere di conoscenza era speciale, vera e reale? Come la descriveresti? Tutto questo ti era chiaro a un livello più profondo. Lo sapevi e basta, non è così?

Ma come hai fatto comprenderlo? Accresci la tua consapevolezza in modo da notare quanto è accaduto. Che tipo di segnali hai elaborato? Ci sono stati degli indizi visivi, dei lampi d'intuizione o immagini di future possibilità? Hai sentito delle voci, dei messaggi verbali? Da dove è giunto quel suggerimento? Come hai fatto a coglierlo?

Nel profondo di ciascuno di noi, al di là delle nostre paure e preoccupazioni, c'è un fondamento di saggezza, di riflessione e di buon senso. Fa parte del nostro modo d'essere, fin dalla nascita. Questa è la voce del nostro Sé.

Se stiamo seduti in silenzio, spesso possiamo ascoltare dentro di noi una voce profonda, che proviene dal cuore. La possiamo definire la voce del nostro Sé. Questa è la parte di noi che conosce la verità.

Questa voce c'invia costantemente dei messaggi e dei segnali. Purtroppo la maggior parte delle persone non li ascolta, perché sono molto sottili.

È difficile ascoltare questi messaggi, mentre la voce critica del nostro Super-io ci parla incessantemente. Una volta che abbiamo abbassato il volume del nostro Super-io, possiamo imparare ad ascoltare la voce del nostro Sé.

Nell'ultimo capitolo di questo libro è spiegata la tecnica che ti permette di ascoltare la voce del nostro Sé: si tratta della mindfulness o piena consapevolezza non giudicante.

SÉ E SUPER-IO

Desidero farti una domanda: quando la voce del Super-io ti parla, dove si trova? Trova il punto esatto dove si trova in questo istante. Quando la voce del Sé ti parla, dove la percepisci? Trova il punto esatto dove si trova in questo istante.

Quando pongo queste domande, di solito, le persone evidenziano due punti molto diversi. In genere, per la voce critica indicano la testa. Per la voce del Sé, invece, indicano il cuore.

In che luogo dubiti dei tuoi progetti? Generalmente nella testa, vero? In che punto intuisci le cose? Generalmente nel cuore, vero?

Nel centro di ciascuno di noi c'è una fiamma guizzante. Attraverso questa fiamma, semplicemente, sappiamo che cos'è giusto o non è giusto per noi. È la nostra vera coscienza morale, il nostro sistema di guida interiore.

Sul lato opposto di questa fiamma guizzante ci sono due grosse emozioni. Una è la paura, che cerca di spegnere la fiamma. Non vuole che siamo dei vincenti. Vuole che perdiamo, che rinunciamo ai nostri sogni. Se riesce a farci procrastinare, l'ha vinta lei.

Solitamente agisce attraverso una delle quattro paure specifiche: del fallimento, dell'imbarazzo, dell'abbandono e del rifiuto.

L'altra emozione negativa è quella dell'avidità. Lei vuole alimentare la fiamma dei desideri fuori luogo, facendoci deviare dalla nostra vera strada nella vita. Fa appello al nostro Super-io. Quando riesce a distrarci, con delle trappole che ci incantano, vince lei.

Il nostro compito consiste nel trovare la nostra vera strada e seguirla. Questa strada c'è la indica il nostro Sé.

Come ci parla nostro Sé? Le voci, le visioni e le vibrazioni del nostro Sé sono concentrate nell'area del cuore, dal collo alla cintola. Hai mai sentito qualcuno dire: sentivo con la pancia che quella era la cosa giusta (o sbagliata) da fare. Oppure: ho avuto un'intuizione istantanea e la cosa mi è parsa giusta.

Spesso abbiamo diverse manifestazioni del nostro Sé attraverso le intuizioni. C'è una voce, seguita da un lampo d'intuizione, seguita a sua volta da una sensazione di pace. Alcuni percepiscono solo un'impressione. Altri sentono una voce saggia. Altri ancora hanno solo un'intuizione di tipo visivo.

Che forma assumono le intuizioni in te? Talvolta sappiamo molto semplicemente che cosa fare e che cosa evitare.

Il successo sta nell'imparare a riconoscere questi suggerimenti del nostro Sé.

Il primo passo sta nel capire come abbassare la voce del nostro Super-io. Il secondo passo è quello di ascoltare attentamente la voce del nostro Sé.

Se non sentiamo che una cosa è giusta, non facciamola! Alcune persone sono così sintonizzate con la voce del Super-io, da lasciarsi continuamente sfuggire i segnali sottili che le porterebbero verso una vita migliore. È necessario acquisire la consapevolezza dei messaggi nel nostro Sé.

Dopo avere abbassato la nostra voce critica, concentriamoci intensamente, per diversi minuti e più volte durante la giornata, sulla voce del nostro Sé. Tieni presente che, la funzione primaria del nostro Sé consiste nell'aiutarci a scoprire la nostra vera strada nella vita, lo scopo della nostra esistenza.

☐

I SETTE TIPI DI SUPER-IO

La consulenza psicologica sul trattamento del Super-io, mi ha permesso d'identificare sette tipologie specifiche. Ognuno di questi Super-io ci critica e giudica in maniera diversa creandoci problemi psichici differenti come stress, ansia, fobie, depressione e conflitti relazionali.

In questo capitolo potrai realizzare un test per individuare quale tipologia di Super-io è maggiormente attiva dentro di te. Potrai conoscere le caratteristiche specifiche di questi sette diversi tipi di Super-io e le affermazioni che usano per attaccarti. Infine, ti mostro come puoi utilizzare il Sé per gestire i diversi Super-io.

Come abbiamo visto, il nostro Sé può affrontare l'impatto negativo del nostro Super-io. Il nostro Sé ci sostiene nell'essere noi stessi e nel sentirci bene con noi stesso di fronte ai messaggi critici e giudicanti del Super-io.

Il Sé ti sosterrà e ti aiuterà nell'affrontare il tuo Super-io e nel sentirti bene. Ti aiuterà a riconoscere la tua intrinseca autostima e a sviluppare la tua fiducia. T'incoraggerà a essere chi sei veramente, piuttosto che cercare di entrare nelle trappole che il tuo Super-io crea. Ti sosterrà nel vivere una vita di libertà e di gioia.

TEST: CHE TIPO DI SUPER-IO HAI?

Prima di continuare a leggere, fai questo test per conoscere i sette tipi di Super-io. Scopri quali tipi sono un problema per te, e cosa puoi fare con loro.

Rispondi a ogni domanda chiedendoti: Quanto spesso questo è vero per me? Rispondi a queste domande al meglio delle tue capacità, senza riflettere molto. Rispondi a tutte le domande utilizzando la seguente scala di punteggio:

1 Mai

2 Raramente

3 A volte

4 Frequentemente

5 Sempre

1 Mi pongo costantemente degli standard molto elevati nei miei confronti

1 Mai 2 Raramente 3 A volte 4 Frequentemente 5 Sempre

2 Mi sento malissimo, quando mangio fuori controllo

1 Mai 2 Raramente 3 A volte 4 Frequentemente 5 Sempre

3 Mi spingo a lavorare sodo per raggiungere i miei obiettivi

1 Mai2 Raramente 3 A volte 4 Frequentemente 5 Sempre

4 Quando penso di provare qualcosa di nuovo e appassionante, mi arrendo ancor prima di iniziare

1 Mai 2 Raramente 3 A volte 4 Frequentemente 5 Sempre

5 Faccio delle critiche alle persone e poi mi sento in colpa

1 Mai 2 Raramente 3 A volte 4 Frequentemente 5 Sempre

6 Mi vergogno profondamente per quello che sono

1 Mai2 Raramente 3 A volte 4 Frequentemente 5

Sempre

7 Ho difficoltà a sentirmi bene quando non mi comporto secondo i programmi della mia infanzia

1 Mai 2 Raramente 3 A volte 4 Frequentemente 5 Sempre

8 Faccio molti sforzi per cercare di controllare il mio arrabbiarmi impulsivamente

1 Mai 2 Raramente 3 A volte 4 Frequentemente 5 Sempre

9 La mia fiducia in me stesso è così bassa che non credo di poter avere successo in niente

1 Mai2 Raramente 3 A volte 4 Frequentemente 5 Sempre

10 Mi sento come se fossi fondamentalmente una persona difettosa

1 Mai 2 Raramente 3 A volte 4 Frequentemente 5 Sempre

11 Per me è difficile iniziare nuovi progetti perché è inaccettabile commettere errori anche quando sto imparando

1 Mai 2 Raramente 3 A volte 4 Frequentemente 5 Sempre

12 Mi sento schiacciato da un senso d'inutilità

1 Mai 2 Raramente 3 A volte 4 Frequentemente 5 Sempre

13 Non c'è fine alle cose che devo fare

1 Mai 2 Raramente 3 A volte 4 Frequentemente 5 Sempre

14 Mi dico che, se fossi una brava persona, mi occuperei meglio degli altri

1 Mai 2 Raramente 3 A volte 4 Frequentemente 5 Sempre

15 Ho standard rigidi per quello che posso fare, perché ho paura della mia impulsività

1 Mai 2 Raramente 3 A volte 4 Frequentemente 5 Sempre

16 Credo che sia più sicuro non tentare piuttosto che fallire

1 Mai 2 Raramente 3 A volte 4 Frequentemente 5 Sempre

17 Divento una persona ansiosa e autocritica quando le cose non vengono fuori nel modo giusto

1 Mai 2 Raramente 3 A volte 4 Frequentemente 5 Sempre

18 A un livello profondo mi sembra di non avere il diritto di esistere

1 Mai 2 Raramente 3 A volte 4 Frequentemente 5 Sempre

19 Mi vergogno quando non sono all'altezza delle attese altrui

1 Mai 2 Raramente 3 A volte 4 Frequentemente 5 Sempre

20 Mi sento in colpa perché sono troppo pigro per farcela davvero nel mondo

1 Mai 2 Raramente 3 A volte 4 Frequentemente 5 Sempre

21 Ho la fastidiosa sensazione di essere una persona moralmente cattiva

1 Mai 2 Raramente 3 A volte 4 Frequentemente 5 Sempre

22 Mi sento in colpa perché non posso essere ciò che la mia famiglia o la mia cultura si aspetta da me

1 Mai 2 Raramente 3 A volte 4 Frequentemente 5 Sempre

23 Mi vergogno quando mi lascio andare nel bere e nel mangiare

1 Mai 2 Raramente 3 A volte 4 Frequentemente 5 Sempre

24 Dedico molto più tempo di quanto sia necessario a un progetto per renderlo il migliore possibile

1 Mai 2 Raramente 3 A volte 4 Frequentemente 5 Sempre

25 Cerco di superare la mia tendenza a evitare di fare dei compiti

1 Mai 2 Raramente 3 A volte 4 Frequentemente 5 Sempre

26 Sento di non avere quello che serve per avere successo

1 Mai 2 Raramente 3 A volte 4 Frequentemente 5 Sempre

27 Sono turbato da qualcosa che ho fatto per cui non posso perdonarmi

1 Mai 2 Raramente 3 A volte 4 Frequentemente 5 Sempre

28 So chi dovrei essere e sono duro con me stesso quando agisco in modo diverso

1 Mai 2 Raramente 3 A volte 4 Frequentemente 5 Sempre

Risultati del test

Somma i punteggi che hai dato alle diverse affermazioni utilizzando la tabella sottostante:
- Il Perfezionista: 1, 11, 24, 17
- Il Controllore: 2, 8, 15, 23
- Il Sorvegliante: 25, 20, 13, 3
- Il Sottovalutatore: 26, 16, 9, 4
- Il Distruttore: 18, 12, 10, 6
- Il Pubblico Ministero: 27, 21, 14, 5
- Il Conformista: 28, 22, 19, 7

I punteggi più alti corrispondono alle tipologie di Super-io, che ti creano maggiori problemi. Nelle pagine seguenti sono spiegate le caratteristiche di ciascuna tipologia di Super-io.

Vediamo assieme le loro caratteristiche in dettaglio e come puoi gestire questi diversi tipi di Super-io utilizzando il tuo Sé.

1 IL SUPER-IO PERFEZIONISTA

Il Super-io Perfezionista ti spinge a fare tutto alla perfezione e a diventare un perfezionista. Ha standard molto elevati per il tuo comportamento e, soprattutto, per i progetti che crei o compiti che esegui. Ti dice che qualcosa che hai realizzato non va ancora abbastanza bene e deve essere migliorato secondo standard rigorosi prima che qualcuno lo veda.

Purtroppo, il Perfezionista può spingerti verso la patologia, come mostrano gli psicologi canadesi Paul Hewitt e Gordon Flett nel loro libro sul Perfezionismo (2017). Questi autori hanno indagato sulla questione e scoperto che è solido il legame tra la costante ricerca del perfezionismo, professionale e personale, e la depressione. "Non si tratta solo di un modo di pensare, bensì un modo di essere", spiega Hewitt. La ricerca della perfezione non è limitata solo a fare le cose il più perfettamente possibile sul lavoro, ma è un progetto di vita che si estende anche alle relazioni e allo sviluppo dell'individualità.

Il dottor Flett definisce il perfezionismo "un'epidemia": lo conferma un esperimento nel quale sono stati studiati i comportamenti degli studenti di dieci scuole diverse, ed è emerso che i ragazzi con tendenze perfezioniste sono più inclini a pensieri depressivi. Le manie di perfezionismo sono spesso implicate anche in disturbi alimentari e sintomi di ansia. I perfezionisti sviluppano molta "preoccupazione emotiva" e rimuginano continuamente sui loro pensieri e azioni, interrogandosi su cosa sia giusto e sbagliato, migliore o peggiore.

Il Perfezionista ti fa dubitare della qualità di ciò che hai realizzato, concentrandosi solo sulle sue possibili mancanze. Il risultato è che finisci per lavorare su un progetto molto più a lungo di quanto sia realmente necessario. Quando in te domina il Perfezionista spesso non sei in grado di consegnare nulla fino all'ultimo minuto, oppure lo consegni in ritardo.

Il Perfezionista genera la paura di terminare qualcosa che non sia assolutamente perfetto. Genera la paura che sarai giudicato aspramente, respinto, ridicolizzato, o addirittura licenziato. Genera la paura che gli altri ti considereranno una persona mediocre. Ti fa credere che la perfezione sia necessaria per andare bene.

Il Perfezionista ritiene che tu abbia una parte sciatta che vorrebbe fare un lavoro mediocre, e il suo compito è di assicurarsi che questo non accada. Il Perfezionista fa spesso questo attraverso una dura critica di quello che fai e come lo fai. Non ti dice solo di migliorare il tuo lavoro, ma ti fa anche vergognare di quello che hai fatto. Può anche definirti una persona stupida, pigra, sciatta, ecc. Questo può far sì che una parte di te si senta inadeguata, o provi vergogna, o ansia da prestazione.

Il Perfezionista ha imparato quest'approccio modellandosi su un genitore, tutore o insegnante, una persona che anche lei era perfezionista e che non è mai stata soddisfatta di ciò che hai realizzato, concentrandosi solo su ciò che hai sbagliato.

Il Perfezionista può essere così spaventato dal fallimento che non ti permetterà di realizzare nulla. L'inizio di un lavoro su qualsiasi progetto preliminare richiederà più tempo del necessario. Il Perfezionista non può sopportare di produrre qualcosa che sia meno che perfetto, anche se non hai intenzione di mostrarlo a nessuno. Una parte come questa può interferire con la tua capacità d'iniziare un progetto e, per esempio, può causare un grave blocco dello scrittore.

Il Perfezionista è impossibile da accontentare. Non importa quanto lavori sodo o quanto sia buono il tuo prodotto finale, trova sempre qualcosa da criticare. Non ti permette mai di sentirti bene con il tuo lavoro. Il Perfezionista può sentirsi soddisfatto solo se il tuo lavoro raggiunge gli standard elevati da lui richiesti. Solo allora ti loderà per aver raggiunto la perfezione.

Il Perfezionista può anche avere standard elevati sul tuo aspetto e il tuo comportamento. Devi essere una persona perfettamente curata e comportarti in modo impeccabile. La tua casa deve essere perfetta, così come la tua famiglia. Qualsiasi cosa fai deve essere impeccabile. Il Perfezionista è preoccupato che tu faccia tutto in ordine. È preoccupato che tu faccia sempre la cosa giusta o la scelta giusta. Per questo motivo genera disturbi d'ansia e fobie.

Le affermazioni del tuo Perfezionista

Le seguenti sono affermazioni comuni del Super-io Perfezionista:

- Questo non è stato fatto abbastanza bene.
- Potresti fare meglio di così.
- Devi essere perfetto.
- Questo non è accettabile.
- Dovresti essere in grado di farlo perfettamente la prima volta.
- Non provarci nemmeno, salvo che non sia di qualità superiore.
- Gli altri si aspettano di meglio da te.
- C'è un modo giusto di fare le cose, e devi seguirlo.
- Non finire finché non è perfetto.
- Non puoi fare niente di buono.
- Continua a provare fino a quando non è perfetto.
- Fai un lavoro di questo tipo.
- Non accontentarti di qualcosa di meno che la perfezione.
- Il tuo lavoro deve sempre sembrare perfetto.
- Che pasticcio! Non è preciso.
- Tutto deve essere in un certo modo.

Situazioni che fanno scattare il Perfezionista

Il Perfezionista non è attivo tutto il tempo. Come ogni Super-io è attivato da certe persone o situazioni. Le seguenti sono situazioni che attivano il

Perfezionista:

• Quando stai cercando d'iniziare un progetto o un'attività.

• Quando hai una scadenza o devi consegnare qualcosa in tempo.

• Quando c'è una gara.

• Quando una cosa che fai sarà giudicata da qualcuno.

• Quando ti prepari per un evento sociale.

• Quando ti preoccupi per il modo in cui ti vedranno in una situazione sociale.

• Quando devi scegliere tra possibilità diverse.

• Quando temi le conseguenze di una decisione sbagliata.

• Quando le persone a te vicine sono meno che perfette.

Le motivazioni del tuo Perfezionista

Il Perfezionista ti tratta male perché crede di aiutarti e proteggerti. Le seguenti sono le motivazioni comuni del Perfezionista:

• Per proteggerti dalle critiche, dalla vergogna o dal rifiuto.

• Per ottenere l'approvazione di figure importanti della tua vita passata o presente.

• Per calmare la tua ansia di essere una persona sbagliata o carente.

• Per affermare che c'è un modo giusto di fare le cose.

• Per mantenere un senso di controllo nella tua vita.

• Per impedirti di affrontare le tue mancanze.

Come gestire il Perfezionista con il Sé

Il Super-io Perfezionista può essere gestito facendo intervenire il tuo Sé perché ti sostenga. Di fronte al Perfezionista, il tuo Sé sostiene il tuo diritto a non essere una persona perfetta, ma quello che sei. Ti ricorda che è umano commettere errori. Ti ricorda che commettere un errore non significa che ci sia qualcosa di sbagliato in te. Ti ricorda che sei totalmente a posto, anche se non riesci a fare tutto bene.

Il Sé sostiene il tuo diritto ad avere equilibrio nella tua vita per riposare, prenderti cura di te e goderti la vita. Ha la saggezza di sapere che, a volte, è importante andare con il flusso e lasciare che le cose evolvano per conto proprio, piuttosto che cercare di ottenere la perfezione. Ti sostiene nell'essere una persona che non deve sapere tutto per iniziare qualcosa.

Le affermazioni del tuo Sé

Le seguenti sono affermazioni comuni del Sé per gestire il Perfezionista.

Affermazioni sulla definizione dei confini

- Basta è abbastanza!

- Non è la fine del mondo.

- Ti prego di tirarti indietro e darmi un po' di spazio per pensare, trovare il mio centro e stabilire le mie priorità.

Affermazioni nutrizionali

- Prenditi cura di te.

- Tu sei ciò che è veramente importante.

- Puoi darti un po' di tregua.

- Non sei una persona definita dalla perfezione.

- Stai bene, anche se non sei una persona perfetta.

- Ti meriti di avere tempo per il divertimento, il riposo, gli amici e la famiglia.

- Va bene fare questo, anche se puoi commettere errori all'inizio.

- Sei competente.

- Non devi essere il migliore in tutto.

- Stai facendo un lavoro eccellente.

- Ti meriti di avere del tempo libero dal lavoro.

- Il tuo lavoro sarà molto buono quando sarà finito.

- Va bene essere un principiante e non sapere tutto.

- Sarai molto bravo una volta che avrai imparato questa nuova abilità.

- È piacevole sperimentare con cose nuove, e la

perfezione non è importante.

- Flusso e creatività sono importanti quanto l'eccellenza.

- A volte va bene essere "abbastanza bravi".

- L'amore, la famiglia e la comunità sono più importanti che apparire in forma.

Affermazioni di orientamento

- Puoi fidarti di te e delle tue capacità.

- Basta iniziare; è possibile correggere il tracciato lungo il percorso.

- Puoi chiedere un aiuto o una guida.

- Ti aiuterò a tenere a portata di mano una lista di risorse umane in modo da poter accedere all'aiuto quando necessario.

- Hai una prospettiva più ampia su dove ti trovi nel tuo viaggio della vita.

- Tu sei quello che sei.

- Gli altri non sono perfetti, e non si può fare in modo che lo siano.

- Si può solo controllare sé stessi.

- È importante bilanciare la concentrazione e il rilassamento.

- La creatività non emerge mai perfetta.

Il Sé è in grado di discriminare tra situazioni in cui è richiesto un livello di eccellenza molto elevato e quelle in cui è sufficiente produrre qualcosa di adeguato e passare ad altre cose. Per esempio, se hai un lavoro come correttore, allora, in effetti, il tuo lavoro deve essere vicino alla perfezione, ma se stai cercando di produrre un video creativo, può essere molto più importante che sia innovativo ed emozionante piuttosto che privo di errori.

2 IL SUPER-IO SORVEGLIANTE

Il Super-io Sorvegliante cerca di farti lavorare sodo e ti sorveglia perché tu sia una persona disciplinata. Può farlo perché vuole che tu abbia successo e che tu ottenga i suoi frutti: denaro, elogi, potere, libertà, ammirazione e così via. Può farlo anche perché non vuole che tu sia visto come una persona fallita, mediocre, infamata o rifiutata. Di solito, questo Super-io genera molto stress nella tua vita.

Il Sorvegliante si preoccupa che tu sia una persona disciplinata, che fa esercizio fisico, mangia in modo sano, ecc. Vuole che tu ottenga i benefici del seguire rigidamente una disciplina. Vuole che tu compia le cose ordinarie che sono necessarie per la tua vita come: lavorare, pagare le tasse, pulire la casa, fare la spesa, falciare il prato, ecc.

Il Sorvegliante vuole il meglio per te, ma diventa un problema perché si aspetta troppo da te, non permettendoti di essere una persona rilassata e tranquilla. Queste richieste spesso non rispettano il tuo bisogno di un sano equilibrio nella tua vita. Il problema maggiore con il Sorvegliante è che ti attacca per non essere all'altezza delle sue attese.

Il Sorvegliante crede che solo lavorando molto duramente ed essendo una persona disciplinata otterrai buoni risultati. Crede che il modo migliore per farti fare questo è che ti dica, senza mezzi termini, cosa "devi" realizzare e che ti guidi, con fermezza, per farlo. Pensa che più duramente ti spinge, più probabilità hai di avere successo. Il Sorvegliante crede che se ti prendi un po' di tempo libero dal tuo lavoro o non riesci a essere una persona disciplinata, fallirai. Il suo atteggiamento è "tutto o niente".

Il Sorvegliante ti dice che devi lavorare sodo per essere riconosciuto come una buona persona, o anche solo per essere a posto. Può ignorare la connessione tra il lavoro che vuole che tu faccia e i risultati che vuole vedere. Ti dice solo quello che "devi" fare. Il Sorvegliante non è a conoscenza del fatto che spingendoti così duramente, può attivare in te una parte Ribelle che combatterà contro di lui per allontanarsi dalle sue implacabili richieste.

Questo crea un conflitto interiore, o polarizzazione, tra il Sorvegliante e il Ribelle, in cui ogni parte diventa estrema per contrastare l'altra. In questa situazione, devi lavorare insieme con loro in modo che ogni parte impari a rilassarsi e a fidarsi di te, e infine a cooperare tra loro.

Il Sorvegliante può essere preoccupato se tu non stai costantemente avanzando e progredendo. Crede che la vita sia una competizione e una valutazione della persona migliore o più meritevole. Questa necessità di avanzare non si limita al lavoro e alla carriera. Molte persone, che sono interessate alla crescita personale o spirituale, si basano sul Sorvegliante che dice loro che devono continuamente lavorare su sé stesse per diventare persone migliori e avanzare spiritualmente.

Il problema più grande con il Sorvegliante è che crede che la migliore strategia per aiutarti ad avere successo sia quella di rimproverarti e attaccarti quando non stai lavorando abbastanza duramente. Ti dice che non sei bravo, che sei pigro, e così via.

Il Sorvegliante vuole il meglio per te, ma sta usando una strategia sbagliata per ottenerlo. Giudicare e attaccare, di solito, non ti aiuta a lavorare di più e ad avere successo. Il Sorvegliante ha imparato quest'approccio modellandosi su uno o entrambi i genitori o su un tutore o un insegnante: qualcuno che ti ha spinto e giudicato per aiutarti ad andare avanti lavorando duramente.

Le affermazioni del tuo Sorvegliante

Le seguenti sono affermazioni comuni del Super-io Sorvegliante:

- Dovresti essere una persona più organizzata.

- Dovresti pianificare meglio quello che fai.

- Dovresti fare di più.

- Non sei speciale, sei solo una persona ordinaria, datti da fare.

- Non sei all'altezza.

- Avresti potuto farlo meglio.

- Ogni successo che hai avuto è stata solo una fortuna.

- Sei tutto chiacchiere e niente azione.

- Non ci provi davvero.

- Non puoi rimanere attaccato alle cose.

- Non mantieni i tuoi impegni.

- Non t'impegni abbastanza.

- Non riesci a mantenere la concentrazione.

- Perdi il tuo tempo in cose inutili.

- Dovresti fare di più.

- Dovresti lavorare di più.

- Dovresti avere più organizzazione

- Qual è il problema con te?

- Perché non riesci a mettere tutto insieme?

- Sei una persona pigra; hai bisogno di essere sorvegliato e incoraggiato.

- Sei una persona _________ (perdente, inadeguata, stupida, incompetente, indisciplinata, pigra, svogliata).

Situazioni che fanno scattare il tuo Sorvegliante

Il Sorvegliante si attiva in particolare nelle seguenti situazioni:

Devi fare qualcosa che richiede un'attenzione mirata, come compiti di lavoro o scolastici, manutenzione della casa, esercizio fisico, ecc.

Stai preparando qualcosa che sarà visto o giudicato da altri.

Sei alla presenza di una figura di autorità.

Ti viene dato un riscontro negativo o detto che il tuo lavoro sarà visto o giudicato da altri.

Non riesci a svolgere adeguatamente il tuo lavoro secondo gli standard previsti.

Stai lavorando a un progetto molto importante che necessita impegno e organizzazione.

Hai fissato l'obiettivo di essere una persona più disciplinata.

Una scadenza si sta avvicinando.

Hai evitato compiti essenziali.

Hai assunto una responsabilità e un compito nuovo da svolgere.

C'è pressione per prendere una decisione.

Sei entusiasta di un progetto o di un'idea e vuoi andare avanti nel suo sviluppo.

Vuoi sviluppare una disciplina, come l'esercizio fisico, l'arte o la cucina.

Come gestire il Sorvegliante con il Sé

Come risposta al Sorvegliante, il Sé può avere un duplice atteggiamento:

1 Ti aiuta a lavorare sodo e a realizzare le cose, e riconosce anche che stai bene così come sei. Anche se questo può sembrare paradossale, questo tipo di auto-accettazione in realtà ti sostiene nello sviluppo di te stesso.

2 T'incoraggia ad avere successo in modo rilassato e tranquillo. Non si aspetta che tu lavori troppo o che tu sia implacabile nel raggiungere i tuoi obiettivi. Eppure sa che puoi raggiungere ciò che hai deciso di fare.

Il tuo Sé può anche fissare dei limiti al Sorvegliante. Dice al Sorvegliante di fare marcia indietro; lo fa in modo fermo, ma gentile, perché riconosce che il Sorvegliante sta cercando di aiutarti. Dice al Sorvegliante che il suo atteggiamento duro ed esigente non è di aiuto e, di fatto, sta causando problemi.

Il Sé ti aiuta a ottenere spazio dal Sorvegliante in modo che tu possa sentirti meglio ed essere una persona più produttiva.

Il Sé riconosce anche che gli obiettivi cambiano nel tempo, ed è flessibile nel modo in cui vuole che tu sia. Se miri a sviluppare una disciplina, come la corsa, non fissa obiettivi rigidi come correre ogni giorno senza mai saltare. Sarà flessibile in ciò che si aspetta da te mentre t'incoraggia dolcemente a fare di più.

Il Sé ti dice che stai bene così come sei e che non devi fare nulla per essere una persona accettabile e di valore intrinseco. T'incoraggia a fare qualcosa, ti chiarisce perché vorresti farlo e cosa otterrai. Non ti dice mai che devi farlo. Per esempio, potrebbe dirti: "Se studi con diligenza per questo test, è probabile che tu ottenga un grado sufficiente per ottenere il livello che desideri". "Se ti alleni regolarmente, sarai più sano e con meno probabilità di soffrire d'influenze così spesso". Può anche ricordarti le dolorose conseguenze del non portare a termine un compito, ma lo fa in modo gentile e incoraggiante.

Il Sé riconosce anche che molti dei tuoi compiti o progetti sono il risultato di un naturale desiderio di essere una persona creativa, di aiutare gli altri, o servire una chiamata più grande. Ti aiuta a entrare in contatto con questa motivazione più profonda, quindi non c'è bisogno di essere spinto a fare un compito.

Le affermazioni del tuo Sé

Le seguenti sono affermazioni comuni del Sé nei confronti del Sorvegliante:

Affermazioni sulla definizione dei confini

- I tuoi giudizi e i tuoi "devi" non sono utili, perché stanno rendendo più difficile per me avere successo.

- So che vuoi aiutarmi, ma permettimi di trovare un modo più efficace per raggiungere i miei obiettivi.

- Non ho bisogno di lavorare tutto il tempo per avere successo.

- Rilassiamoci, le cose le farò al momento adeguato.

Affermazioni nutrizionali

- Stai bene così come sei.

- Ti accetto completamente in ogni caso.

- Ti apprezzo solo per essere te stesso.

- Hai realizzato molte cose preziose nella tua vita.

- Apprezzo le tue qualità e capacità di (concentrazione, intelligenza, creatività, gentilezza, integrità).

- Congratulazioni per aver compiuto questo passo.
- Stai facendo bene.
- Continua così; sei sulla tua strada giusta.
- Voglio il meglio per te.
- Sono orgoglioso di te.
- Continua sulla tua strada.
- Segui la tua passione e il tuo scopo.
- Ti meriti una pausa. Goditi il tempo libero e torna rinfrescato.
- Torna dolcemente indietro quando ti sei preso del tempo libero.

Affermazioni di orientamento

- Le tue lotte rappresentano solo dove ti trovi ora nella tua crescita.
- Va bene migliorare al tuo ritmo.
- Sei solo un essere umano. Troverai la tua strada.
- Vediamo quale parte di te ha causato questa difficoltà. Possiamo lavorare con essa con compassione.
- Confido che tu possa lavorare nonostante tutto che t'intralcia.
- Scoprirai cosa devi fare.
- È possibile trovare il tuo ritmo e un equilibrio tra lavoro e divertimento.

Affermazioni di pianificazione dell'azione

Basta fare un passo alla volta.

Se un approccio non funziona, puoi provare in un modo diverso.

Quando qualcosa non funziona come speravi, si tratta di un riscontro non di un fallimento.

Prenditi un momento e mettiti in contatto con la tua motivazione per questo compito.

Esplora quale ritmo di lavoro e di svago funziona meglio per te.

Ricompensati a ogni passo.

Se c'è un po' di verità sull'idea che non hai lavorato abbastanza duramente, il tuo Sé lo riconosce senza essere giudicante. Ti aiuta ad assumerti la responsabilità per le tue difficoltà di realizzazione, accettandoti completamente come sei.

Il Sé riconosce che siamo tutti in progresso, ed è solo umano essere sotto i nostri ideali. Non ti giudica o ti fa sentire male quando questo accade; ti aiuta, invece, a capire cosa ha portato a quella difficoltà e quello puoi fare al riguardo. T'incoraggia a essere una persona sempre curiosa di sapere quale parte di te è stata attivata che ti ha impedito di lavorare bene. Questo, di solito, è una parte di Procrastinatore o una parte Ribelle che si sta ribellando contro la durezza del Sorvegliante. Il tuo Sé ti aiuterà a lavorare con quella parte da un luogo di accettazione e compassione.

Il Sé ti aiuta a fissare obiettivi realistici per cambiare il tuo modo di operare, senza aspettarti di modificare troppo in una volta. Ti permette di riconoscere anche che puoi retrocedere, e questo è accettabile. Ti aiuta a fare il passo successivo per affrontare le difficoltà, incoraggiandoti a realizzare un passo alla volta.

3 IL SUPER-IO CONTROLLORE

Il Controllore cerca di controllare il tuo comportamento impulsivo, come mangiare o bere troppo, infuriarti, usare droghe o assumere altri comportamenti indulgenti. Ti fa vergognare dopo che ti abbuffi, reagisci con rabbia, agisci in maniera impulsiva. Di solito è in un conflitto costante con una parte impulsiva e crea problemi nell'area dei comportamenti impulsivi e delle dipendenze.

Il Controllore tende a essere rigido e punitivo nei confronti della tua parte impulsiva, ma in questo modo, paradossalmente, la alimenta. Ha standard fissi e precisi su come dovresti vivere. Per esempio, ha opinioni su quanto dovresti mangiare o bere, esprimere la tua sessualità, spendere soldi, o dedicarti ad altre attività che non ti servono o che potrebbero metterti nei guai. Tuttavia, il problema più grande è che il Controllore cerca di farti rispettare questi standard attaccandoti e facendoti vergognare quando non sei all'altezza.

Il Controllore vuole il meglio per te, ma fa in modo che questo accada in una maniera dura e punitiva che non funziona. Il tuo Controllore probabilmente ha imparato questa strategia modellandosi sul modo in cui i tuoi genitori hanno cercato di controllarti da bambino, o forse da un'altra persona importante nella tua prima infanzia.

Il Controllore può essere preoccupato per le conseguenze reali del tuo comportamento (per esempio, diventare sovrappeso o alcolizzato, o sviluppare una dipendenza alimentare). Può avere paura del giudizio di altre persone o del rifiuto a causa del tuo comportamento.

Il Controllore è spesso in conflitto con la tua parte impulsiva, che vuole indugiare nel cibo, nelle bevande, nel sesso, nel gioco d'azzardo, e così via. Questa parte impulsiva ti spinge all'eccesso e il Controllore la vuole controllare. Queste due parti sono costantemente impegnate in una lotta di potere dentro di te. Questa lotta di potere può essere superata solo grazie all'intervento del tuo Sé.

Le affermazioni del tuo Controllore

Le seguenti sono affermazioni comuni del Super-io Controllore:

- Sei una persona disgustosa.
- Sei fuori controllo.
- Ti ammalerai.
- Devi essere controllato ogni minuto, non ci si può fidare di te.
- Non diventerai mai quello che vorresti essere.
- Nessuno ti vuole così come sei.
- Dovresti vergognarti!
- Sei una persona così impulsiva.
- Non pensi mai agli altri.
- Stai uccidendoti.
- Sei così incosciente.
- Come puoi continuare a commettere gli stessi errori?
- Non puoi entrare in situazioni sociali, sono pericolose.
- Nessuno ti amerà o vorrà stare con te.
- Sei un mostro.
- Perché non puoi essere come le persone normali?
- Perché non ti prendi più cura di te?
- Sei così egoista.
- Stai sprecando i soldi.
- Stai rischiando la tua salute.
- Stai rischiando la tua reputazione.
- I tuoi impulsi ti porteranno a una brutta fine.
- La tua rabbia è fuori controllo.
- Dovresti assomigliare a quelle modelle sulle riviste e in TV.

Situazioni che fanno scattare il tuo Controllore

Le seguenti sono situazioni di attivazione comuni per il Controllore.

Situazioni sociali in cui si è tentati da cibo, alcol, fumo, ecc.

Diventi consapevole del tuo pensiero ossessivo su un impulso che stai cercando di controllare.

Vuoi perdere il controllo quando i tuoi sentimenti sono feriti.

Ti distrai dai tuoi impulsi o pensando a loro, per esempio, pianificare, fantasticare o parlare.

Pensare a situazioni sociali dove ci sono tentazioni

Vedere gli altri che si controllano facilmente sui problemi con cui tu combatti.

Essere confrontati con le rappresentazioni mediatiche di norme sociali, come: il peso, le relazioni d'amore o il successo.

Dovendo prendere una decisione su ciò che desideri rispetto a ciò di cui hai realmente bisogno

Riunioni di famiglia

Eventi sociali per il lavoro

Esposizione ai media: TV, film o riviste

Motivazioni del tuo controllore

Il tuo Controllore ti tratta come fa perché pensa che ti stia aiutando o proteggendo. Le seguenti sono motivazioni comuni del Controllore.

Per tenere sotto controllo le tue compulsioni, in modo da non indulgere in comportamenti dannosi.

Per tenerti lontano dalle tentazioni e non sfuggire al controllo.

Per avere la sicurezza dell'accettazione altri.

Per sostenere la sobrietà.

Per ottenere ciò che vuoi, come il successo o una relazione.

Per evitare l'odio di sé che deriva dall'essere fuori controllo.

Per evitare danni collaterali, cioè per ridurre al minimo l'impatto di un comportamento fuori controllo.

Per gestire e controllare la tua rabbia.

Per proteggervi dall'essere aggressivo e quindi rifiutato.

Per avere la sicurezza di essere in linea con i valori della propria famiglia.

Gestire il Controllore con il Sé

Se il controllore ha una visione irrealistica dei tuoi problemi, il Sé ti dice che i tuoi bisogni e desideri vanno bene e che stai bene proprio come sei. Supporta la tua capacità di essere in contatto con il tuo corpo e consapevole e sensibile alle sue esigenze. T'incoraggia a rallentare, percepirti e comprendere le tue vere esigenze rispetto ai tuoi desideri compulsivi. Ti aiuta a fare scelte che sono in linea con la tua visione realistica di te e dei tuoi obiettivi. Ti aiuta a impegnarti in pratiche che ti mantengono centrato. Sa che quando sei in contatto con te stesso, sei più capace di pensare chiaramente e distinguere ciò che è sano da ciò che non lo è.

Il Sé pone dei limiti al Controllore, quando diventa troppo rigido o vergognoso. Dice al Controllore che i suoi duri attacchi non sono utili, mentre è d'accordo con la necessità di raggiungere la moderazione.

Il Sé t'incoraggia a prenderti cura di te e a includere nella tua vita attività nutritive che ti aiutano a sentirti una persona curata, coccolata e di grande valore. Ti apre gli occhi alle cose belle che sono già a tua disposizione.

Affermazioni del tuo Sé

Le seguenti sono affermazioni comuni del Sé rispetto al Controllore.

Affermazioni sulla definizione dei confini

- So che stai cercando di aiutarmi, ma smettila di controllarmi!

- Lasciami in pace e fidati di me per capire di cosa ho bisogno.

- Sono una brava persona che merita di essere trattata con rispetto.

Affermazioni nutrizionali

- Sei adorabile.
- Le tue esigenze sono comprensibili e accettabili.
- Non c'è niente di sbagliato nei tuoi bisogni reali.
- Ti meriti di essere una persona amata e rispettata.
- Stai bene proprio come sei.
- Puoi fidarti di te stesso.
- È possibile guarire il dolore di fondo in modo da non evitare i tuoi sentimenti indulgendo.

Affermazioni di orientamento
- Puoi avere quello che vuoi nel mondo.
- L'amore di te stesso aprirà la strada che desideri.
- Hai il diritto di sentirti bene con te stesso e di essere amato.
- Trova persone che riflettono chi sei oggi.
- Essere centrato sosterrà la tua capacità di moderazione.
- Puoi sentirti a tuo agio con te stesso e gestire le tue esigenze.
- Abbiamo tutti bisogno di concederci opportunità di sensualità, piacere e gioia.
- Va bene avere il supporto che desideri.
- La moderazione può essere uno stile di vita sereno.
- Sviluppare un sistema di supporto per la tua crescita normalizzerà le tue lotte interne.
- Puoi sentirti a tuo agio con te stesso e gestire le tue esigenze.
- Puoi essere apprezzato per le tue capacità e i tuoi punti di forza unici.

☐

4 IL SUPER-IO DISTRUTTORE

Il Super-io Distruttore provoca il disturbo depressivo maggiore. Questo tipo di Super-io attacca duramente la tua autostima fondamentale. Ti fa vergognare in modo così profondo che ti senti una persona difettosa. Arrivi a credere di non poter essere recuperabile.

Il Distruttore attacca la tua fondamentale autostima ed è profondamente umiliante, arrivando a dire che non dovresti esistere con pensieri di suicidio. Potresti sperimentare il Distruttore come una forza schiacciante che spazza via la tua vitalità o un'energia negativa pervasiva che spegne qualsiasi segno di creatività, spontaneità o desiderio.

Il Distruttore lancia attacchi molto primitivi su di te, che potrebbero non avere contenuto, ma sono potenti. Alcune volte il Distruttore non comunica a parole, scegliendo invece sentimenti corporei di vergogna e depressione. Il Distruttore ti dà il senso avvilente che non meriti di esistere. Vuole distruggerti o annientarti.

Il Distruttore è il più dannoso e debilitante di tutti i tipi di Super-io. Non ti consiglio di provare a lavorare con questa parte per conto tuo. Per lo meno, ottieni il supporto di uno psicologo o psicoterapeuta per trattare e trasformare il più devastante dei Super-io.

Il Distruttore appare molto presto nella vita delle persone, spesso nell'infanzia, quando non si dispone di un adeguato linguaggio. Poiché i suoi attacchi sono piuttosto primitivi, può essere difficile determinare la motivazione positiva del Distruttore. Si suppone che possa essere una delle seguenti:

1. Il tuo Distruttore si aspetta che altre persone ti attacchino, quindi ti attacca per primo. Questo ti dà un senso di "controllo" su questa terribile situazione. Questo significa anche che non sei vulnerabile e in balia degli altri, perché ti hanno già attaccato e sconfitto. Dopo tutto, non si può sconfiggere ciò che è

già stato sconfitto.

2. Quando hai espresso la tua energia vitale nell'infanzia, sei stato punito in qualche modo, o la tua vitalità ha portato al tuo essere inghiottito o maltrattato. Il Distruttore sentiva che l'unica cosa sicura era di schiacciare la tua energia per tenerti al sicuro. Potrebbe anche aver sentito che l'unico modo per essere al sicuro era di "non esistere". È radicato in quella situazione passata e continua a farlo ancora oggi.

3. Nei primi anni di vita sono successe cose brutte e dolorose:

a) Il Distruttore era furioso per l'accaduto, ma non poteva esprimerlo esteriormente, così ti ha fatto arrabbiare e lo sta facendo ancora oggi.

b) Il Distruttore ha deciso d'incolparti per quello che è successo. Sentiva che c'era la possibilità di alleviare la sofferenza se solo tu cambiavi. Questo era preferibile rispetto il sentirsi completamente impotente di fronte a una situazione intollerabile e, allo stesso modo, questo sta accadendo ancora oggi.

Le affermazioni del tuo Distruttore

Le seguenti sono affermazioni comuni del Distruttore:

Sei inutile.

Nessuno ti vorrà.

Sei una persona carente (stupida, goffa, maldestra, brutta, ecc.).

Sei inaccettabile e non amabile.

Sei una persona perdente.

Dovresti vergognarti di te.

Voglio ucciderti.

Non meriti di vivere.

Non saresti mai dovuto nascere.

Non hai diritto all'amore o all'attenzione degli altri.

Sei una persona falsa e gli altri possono vedere dentro di te.

Chi sa chi sei ti troverà mancante.

Tutti possono fare meglio di te.

Nessuno si batterà per te o ti proteggerà.

Non meriti di sentirti bene con te stesso.

Non ti troverai bene da nessuna parte.

Tutti pensano che tu sia inferiore.

Non meriti di avere quello che vuoi.

Niente di buono arriverà da qualsiasi cosa tu cerchi di fare.

Le situazioni che fanno scattare il tuo Distruttore

Il Distruttore probabilmente non è sempre attivo. Come la maggior parte dei Super-io viene attivato da certe persone o situazioni. Le seguenti sono situazioni di attivazione comuni per il tuo Distruttore.

Nel lavoro, quando ti senti chiamato a funzionare bene o stai per essere valutato.

In situazioni sociali in cui ti senti in procinto di essere giudicato o valutato da altri.

In ogni situazione in cui ti sentirai costretto a misurarti con altri.

In ogni situazione che ritieni emotivamente rischiosa.

Quando hai paura di essere visibile agli altri

Quando devi farti valere o chiedere qualcosa che non ti piace.

Quando sei chiamato a difenderti o a esprimere la tua opinione

Quando devi prendere una decisione che richiede di conoscerti e distinguere ciò che vuoi.

Quando ti senti arrabbiato con qualcuno

Quando ti senti minacciato in una relazione che è importante per te.

Le motivazioni del tuo Distruttore

Il Distruttore ti tratta come fa perché pensa di aiutarti o proteggerti. Le seguenti sono motivazioni comuni del Distruttore.

Per tenerti piccolo e sicuro in modo da non essere ferito da altri.

Per uccidere ogni tua speranza prima che prenda

piede.

Per proteggerti dalla delusione.

Per essere in controllo attaccandoti prima che lo facciano gli altri

Per tenerti piccolo, perché non ha fiducia nella tua capacità di far fronte alle critiche o al rifiuto.

Per mantenerti in linea con le opinioni negative dei tuoi genitori su chi sei in modo da poter rimanere in contatto con la tua famiglia.

Per accendere involontariamente la rabbia che non poteva essere espressa nei confronti dei tuoi genitori quando eri bambino/a.

Per agire, anche se negativamente, per non sentirsi indifesi. Per proteggere l'energia vitale dall'essere espressa e poi schiacciata. Per diventare potente identificandoti con gli aggressori della tua infanzia. Per attivare la tua rabbia su di te in modo da non essere respinto.

Come gestire il Distruttore con il Sé

Di fronte a un Distruttore, il Sé afferma che hai il diritto di esistere. È un tuo diritto di nascita. Nessuno ha il diritto di distruggerti. Sei importante solo per essere te stesso al livello più fondamentale. La tua energia e vitalità sono aspetti essenziali e belli di te.

Il Sé ha grande compassione per la tua sofferenza e vuole che tu ti senta una persona buona e di valore. Ti tiene vicino e ti dice che sei importante. Ti nutre nel modo più fondamentale, non solo perché ne hai bisogno, ma anche perché ama starti vicino.

Il Sé dice al Distruttore di tirarsi indietro perché i suoi attacchi sono profondamente dolorosi. Ricorda al Distruttore che non ti sta aiutando nel modo in cui crede. In realtà, sta causandoti un grande danno. Il Sé tiene il Distruttore a distanza.

A volte il Distruttore rivolge nei tuoi confronti la rabbia che originariamente era destinata alle persone nel mondo esterno. Il tuo Sé può reindirizzarla al posto giusto. Afferma che hai il diritto di provare rabbia con persone che ti hanno ferito o trascurato, che puoi porre dei limiti, che puoi proteggerti. Questo può comportare anche la fine di un lavoro o di una relazione che non è giusta per te.

Le affermazioni del Sé

Le seguenti sono affermazioni comuni del Sé:

Affermazioni sulla definizione dei confini

- Non merito di essere trattato così duramente.

- Stai indietro e lasciami in pace.

- Mi merito un po' di spazio da te.

- Mi stai ferendo, non aiutando.

Affermazioni nutrizionali

- Ti meriti di essere amato solo per quello che sei.

- Ti meriti di essere trattato con amore e rispetto dagli altri e da te stesso.

- Puoi rilassarti e sentirti al sicuro con me.

- Non sei più un bambino vulnerabile in balia dei tuoi genitori. Ora puoi prenderti cura di te.

- Puoi goderti la tua vitalità.

- Sarò qui a prendermi cura di te e ti nutrirò.

- Tu sei un essere buono, prezioso e amabile.

- Ti vedo e ti accetto per quello che sei.

- Va bene sentire ed esprimere la tua rabbia e frustrazione.

Affermazioni di orientamento

- Tu sei un'anima unica che è sulla strada.

- Puoi trovare supporto per il tuo viaggio e persone che ti amano, aiutano e guidano.

- Puoi fidarti di te, concediti il tempo e lo spazio per entrare ed essere con la tua guida.

Affermazioni di pianificazione dell'azione

È saggio muoversi al proprio ritmo.

Fai un passo alla volta e permettiti di sentire il sostegno che ti accompagna mentre vai avanti.

Scegli le persone con cui stare, che ti stimano.

Trova l'aiuto di cui hai bisogno per fissare e raggiungere i tuoi obiettivi.

Sii gentile e dolce con te stesso e scopri la

compassione interiore.
□

5 IL SUPER-IO PUBBLICO MINISTERO

Il Pubblico Ministero ti attacca per qualcosa che hai fatto, che ha danneggiato qualcuno a cui tenevi. Questo Super-io potrebbe anche attaccarti per aver violato un valore profondamente radicato in te. Ti fa sentire in colpa e non ti perdona mai. Il profondo senso di colpa che genera può tramutarsi in disturbo depressivo.

Il Pubblico Ministero si aggrappa al passato e ti ricorda le azioni offensive che hai fatto o anche incidenti che hanno causato danni a qualcuno. Ti punisce senza pietà per quello che considera il tuo atto illecito, facendoti credere di essere una persona cattiva.

Non ti permette di dimenticare o perdonarti per ciò che hai fatto. Ti guarda attraverso le lenti dei tuoi fallimenti o misfatti, facendoti sentire colpevole e una persona indegna delle benedizioni della vita.

Il Pubblico Ministero è particolarmente preoccupato per le relazioni. Onora i valori della tua famiglia e religione. Si aspetta che tu sia una figlia amorevole, una madre devota, un padre protettivo, un fratello o figlio leale, e così via. Hai fallito in qualsiasi ruolo portando a un danno percepito a una persona cara? Allora questa parte ti attaccherà senza pietà. Ti attacca per quello che hai fatto o non hai fatto, per aver agito in modo sciocco o scortese, o per non aver agito quando l'azione era richiesta.

Il Pubblico Ministero cerca di tenerti connesso alla tua "tribù". Vuole assicurarsi che tu appartenga alla tua "tribù" o a qualsiasi altro gruppo che ritenga importante per il tuo benessere. Non vuole che tu sia solo o alienato. Ricordandoti continuamente quello che hai fatto, vuole farti diventare una persona migliore per non fare mai più "una cosa così terribile".

Il Pubblico Ministero vuole punirti per dimostrare

che hai davvero i valori giusti. Crede che tu abbia seriamente violato i tuoi valori e danneggiato qualcuno; quindi, se ti punisce senza sosta, questo dimostra che credi almeno nelle cose giuste.

Il Pubblico Ministero ti vede come una persona pericolosa per gli altri. È quindi vigile nella sua sorveglianza per proteggere te e il mondo dalle tue colpe. Può pensare che tu sia egoista, furbetto, di cuore chiuso, o maldestro. Può cavalcare i tuoi pensieri, impulsi, sensazioni, sentimenti e ha bisogno di assicurarsi che non commetterai di nuovo errori.

Il Pubblico Ministero scarica cronicamente la tua energia e diminuisce radicalmente la tua autostima. Quando non c'è perdono è impossibile espiare il passato e la tua vita sembra desolata e senza speranza.

Affermazioni del tuo Pubblico Ministero

Le seguenti sono affermazioni comuni del Pubblico Ministero:

Sei una persona cattiva.

Non potrai mai essere perdonato per quello che hai fatto.

Dovresti vergognarti!

Chi pensi di essere per aver fatto cose così terribili? Non meriti di essere felice (vivere, avere piacere) per quello che hai fatto.

Dovresti soffrire e sentirti in colpa.

Meriti di essere punito. Hai causato dolore a qualcuno. Hai fallito nelle tue responsabilità nei confronti di chi ami e con cui sei collegato.

Dovevi agire in un certo modo in questa famiglia, comunità, cultura, ma hai deluso tutti.

Sei una persona disgustosa per aver avuto quei pensieri, sentimenti, impulsi o desideri.

Come hai potuto fare questo a lui/lei?

Se sapessero veramente chi sei, non si unirebbero a te.

Sei così impulsivo e sconsiderato, non c'è da

meravigliarsi che tu faccia del male alle persone.

Sei egoista nel profondo e non ci si può fidare di te.

Hai commesso gravi errori che altri hanno dovuto pagare.

Quella cattiva decisione rimarrà per sempre con te.

Situazioni che fanno scattare il tuo Pubblico Ministero

Quando ti viene in mente il dolore che hai causato a qualcuno.

Quando ti rendi conto che le persone sono deluse o scontente nei tuoi confronti.

In situazioni familiari in cui ti vengono ricordate le tue responsabilità verso gli altri membri della tua famiglia.

In situazioni familiari in cui ti viene ricordato come ti differenzi dalle tue norme culturali.

In situazioni sociali in cui ti senti come se avessi una responsabilità nei confronti degli altri.

In situazioni in cui ti confronti con gli altri.

In situazioni in cui diventi consapevole del tuo impatto sugli altri.

Quando stai cercando di determinare se hai diritto a qualcosa che non ti piace.

Quando prendi una decisione in cui devi bilanciare le tue esigenze con quelle degli altri.

Al lavoro, quando ricevi un feedback che ti dice che non sei concentrato sulle tue responsabilità verso gli altri o sulla missione lavorativa.

Quando qualcuno ti giudica per certe tendenze che hai.

Quando cerchi di determinare se i tuoi pensieri, sentimenti o inclinazioni privati sono accettabili.

Quando hai pensieri o desideri che credi siano perversi o sbagliati.

Motivazione del tuo Pubblico Ministero

Il Pubblico Ministero ti tratta come fa perché pensa che ti stia aiutando o proteggendo. Le seguenti sono motivazioni comuni del Pubblico Ministero.

Per evitare che tu ripeta azioni dannose.

Per mantenerti consapevole in modo che tu agisca consapevolmente e sia in linea con i tuoi valori.

Per contrastare quella che considera una parte cattiva e impulsiva di te che deve essere controllata.

Per mantenere i tuoi contatti con coloro che per te sono importanti.

Per mantenere una struttura stabile nel tuo ambiente familiare, del tuo essere "il colpevole".

Per fare ammenda per il tuo comportamento passato e quindi aiutarti a riconnetterti con gli altri importanti.

Per essere sicuro e accettabile per la tua famiglia o la tua cultura, ricordandoti cosa è giusto e sbagliato.

Per contenere i tuoi impulsi e per mantenere la connessione con gli altri in modo amorevole e rispettoso.

Per farti sentire bene con te stesso, per avere i giusti valori, anche se non li hai sempre sostenuti.

Per tenerti concentrato sul tuo ruolo e sulle tue responsabilità.

Come gestire il Pubblico Ministero con il Sé

Quando esamini i tuoi veri valori, se senti che quello che hai fatto non era sbagliato, il Sé ti sostiene nel non sentirti in colpa. Ti dice che hai agito con integrità e che sei una brava persona. Dice al Pubblico Ministero di tirarsi indietro perché i suoi valori superati provenivano dalla tua famiglia o cultura e non riflettono la tua verità.

Il tuo Sé ti aiuta a sentirti bene con te stesso di fronte al senso di colpa. Quando esamini i tuoi veri valori, se senti che quello che hai fatto non era sbagliato, il tuo Sé ti sostiene nel non sentirti in colpa per questo. Ti dice che hai agito con integrità e che sei una brava persona. Dice al Pubblico Ministero di fare marcia indietro perché i suoi valori superati provenivano dalla tua famiglia o dalla tua cultura e non riflettono la tua verità.

Se le tue azioni sono andate contro i tuoi veri valori

o hanno causato qualche danno di cui ti dispiace, il Sé sa che è importante assumerti la responsabilità per quello che hai fatto. Ti aiuta a essere all'altezza delle tue azioni e delle loro conseguenze, ma lo fa in modo solidale. Ti aiuta a prendere azioni per fare ammenda per quello che hai fatto e a mettere le cose a posto. Se necessario, ti aiuta a lavorare su qualsiasi parte di te che ti ha portato a intraprendere quest'azione distruttiva in modo che si trasformino e non accada di nuovo.

Nel caso in cui l'incidente sia avvenuto molti anni fa, tuttavia, potresti aver già lavorato su questi problemi, in modo da non essere più la persona che eri in quel momento. Il Pubblico Ministero, però, non lo sa. Il tuo Sé può aggiornare il Pubblico Ministero su chi sei ora e sulla saggezza che hai guadagnato. Evidenzia che ora non faresti più una cosa del genere.

Il tuo Sé sa che la costante flagellazione del Pubblico Ministero serve solo per ferirti e compromettere la tua energia e la tua vitalità. Quindi guarda il Pubblico Ministero dritto negli occhi e afferma: Non è utile! Spiega che hai cambiato e ripulito le cose, quindi il senso di colpa non è più appropriato. Il tuo Sé compie l'importante passo di perdonarti per quello che hai fatto.

Affermazioni del tuo Sé
- So che stai cercando di proteggermi, ma quello che stai facendo non è utile.
- Lasciami in pace.
- Ho il diritto di vivere e di rispettarmi.
- Odiare me stesso per il passato non mi aiuterà certo a essere una persona migliore nel presente.

Affermazioni di nutrimento
- Hai sofferto abbastanza.
- È tempo di perdonarti.
- Il passato è passato; puoi sentirti bene riguardo a chi sei oggi.
- Amarti è ciò che ti porta a essere la persona

migliore nel presente.

- Hai il diritto di essere sostenuto nel trovare il tuo vero sé.

- Non hai fatto niente di sbagliato.

Affermazioni di orientamento

- Hai imparato dai tuoi errori e sei una persona migliore.

- Ti meriti di essere autonomo e di non essere così legato dalle tue relazioni con gli altri.

- Il rimorso riguarda ciò che hai fatto, non chi sei.

- È importante mantenere una prospettiva su chi sei oggi. Hai imparato molto dall'essere onesto con te stesso sulle tue azioni.

- Più sei in contatto con ciò che sei veramente, più proverai pace.

- Puoi fidarti di te e indagare su quello che sei.

Affermazioni di pianificazione delle azioni

Assumiti la responsabilità per te e per le tue azioni.

Prenditi cura di ciò che puoi e lascia andare ciò che non può essere cambiato. Cerca una guida quando necessario per capire quali sono le tue responsabilità e quali no.

Valuta quali capacità devi sviluppare per non ripetere gli errori del passato.

Trova sostegno per te con persone che ti capiscono e ti accettano.

Sii il più onesto possibile con te stesso e con gli altri.

Accettati e trova supporto per chi sei.

Perdonati.

□

6 IL SUPER-IO CONFORMISTA

Il Super-io Conformista cerca di farti adattare un certo schema sociale e di agire sulla base dei valori della tua famiglia e cultura d'appartenenza. Si confronta con altre persone che ammira. Soddisfa le aspettative che hanno avuto origine dai tuoi genitori, dalla comunità, dalla cultura, che hai interiorizzato e integrato come tuoi valori. Questo tipo Super-io ti attacca quando non t'inserisci in quello schema e ti loda quando lo fai.

Il tuo Conformista vuole che ti conformi agli altri, per essere una persona gradita e ammirata dagli altri. In questo modo crede di poterti proteggere dall'essere una persona abbandonata, rifiutata, giudicata o disonorata se esci dagli schemi.

Il Conformista applica valori molto variabili. Alcune volte può attaccarti per aver mostrato rabbia, un'altra per aver mostrato sensibilità. Una volta può giudicarti per aver provato dolore o per essere vulnerabile, un'altra per aver catturato troppa attenzione. Può apprezzare l'espressione emotiva e castigarti per essere una persona fredda e insensibile. Può apprezzare il tuo intelletto e stoicismo, e poi giudicarti per non aver mostrato le tue emozioni.

Il compito del Conformista è quello di mantenerti nella tua solita identità, con le usuali convinzioni su chi sei, in linea con la cultura dove sei cresciuto. Se cominci ad aprirti emotivamente e spiritualmente o a trasformare la tua coscienza, il Conformista ti attacca per prevenire il cambiamento, temendo che t'isoli dagli altri.

Molte persone non sono consapevoli del loro Conformista perché vivono semplicemente in linea con le sue aspettative, quindi non sono giudicate. Tuttavia, se inizi a crescere, a cambiare e a mostrare un lato diverso di te, il Conformista ti attacca e critica. Ad esempio, se sei una donna che è stata educata a essere servile e piacevole, come molte altre donne, sviluppare la tua autostima e affermarti in maniera autonoma e forte può indurre il Conformista a farsi avanti per criticarti e giudicarti.

Se sei cresciuto in una famiglia o in una sottocultura i cui valori non si adattano a chi sei naturalmente, questo può indurre il tuo Conformista a diventare sempre più critico nei tuoi confronti. Per esempio, se sei cresciuto in una famiglia di contadini che lavorano duramente e con i piedi per terra e sei naturalmente un intellettuale o un artista, potresti trovare quasi impossibile essere all'altezza delle esigenze del tuo Conformista. Questo può metterti nella condizione di essere costantemente criticato e giudicato.

Il problema del Conformista non sono i valori che cerca di farti vivere; questi valori possono essere o no un buon modo di vivere. Il problema è che il Conformista non si preoccupa di chi sei veramente, o quali sono i tuoi veri valori, o come sceglieresti di vivere. Crede che i suoi valori siano le uniche linee guida giuste per condurre la tua vita. Cerca, inoltre, di far rispettare questi valori facendoti vergognare quando non ne sei all'altezza. Il suo atteggiamento è: "C'è qualcosa che non va in te, se non rientri negli schemi".

Il Conformista crede che tu abbia una parte Ribelle che va contro il modo giusto di vivere. Infatti, la rigidità del Conformista può attivare proprio una parte Ribelle così arrabbiata per essere controllata, che può andare fuori strada per mostrare le proprie convinzioni. Questo può creare un intenso conflitto interiore, o polarizzazione, tra queste due parti, e ognuna di loro diventa estrema per contrastare l'altra.

Le affermazioni del tuo Conformista

Le seguenti sono affermazioni comuni del Conformista:

Non ti accetteranno se non agisci come voglio gli altri.

Sii consapevole di quello che pensano gli altri.

Noi si fa in questo modo.

È pericoloso non seguire le regole.

Idiota! Cosa pensi di fare?

Non puoi sopravvivere senza il sostegno del gruppo.

Guarda fuori di te per sapere cosa è giusto dire e fare.

Abbiamo tutti i nostri ruoli prescritti da ricoprire.

Sei un perdente quando ti comporti in quel modo.

Ricorda chi sei e cosa è giusto e corretto fare.

Non ti sentirai mai bene se non ti comporti come dovresti.

Hai bisogno di fare affidamento su ciò che hai imparato dalla tua famiglia su chi dovresti essere.

Stai al tuo posto.

Dovreste vergognarti!

Prendi le indicazioni dall'esterno e fai quello che ci si aspetta da te.

È necessario fare attenzione a non violare le norme.

Gioca in sicurezza; non fare in modo che parlino male di te.

Gli altri si sentono a disagio quando non agisci nel modo giusto.

Sei una persona cattiva per essere troppo ______ (arrabbiato, sensibile, divertente e così via).

Non sei abbastanza ______ (intelligente, atletico, estroverso, educato, gentile, cortese, e così via).

Situazioni che fanno scattare il tuo Conformista

Il Conformista non si attiva continuamente. Come la maggior parte dei Super-io, viene attivato da certe persone o situazioni. Le seguenti sono situazioni di attivazione più comuni per il Conformista.

Situazioni familiari in cui si hanno ruoli o aspettative di solito superate.

Situazioni di lavoro in cui devi inserirti consapevolmente in ruoli che ti stressano o limitano.

Quando devi mantenere un'immagine professionale

Situazioni sociali in cui sei consapevole del fatto che altri manifestino, in parte, chi si suppone che tu sia.

Prepararti a entrare in situazioni in cui sarai giudicato o dovrai inserirti.

Stare con altri la cui programmazione interna è diversa dalla tua.

Vestirsi la mattina.

Valutare amici e collaboratori o scegliere un partner.

Crescete i figli.

Situazioni in cui non si vuole apparire fuori posto o ci sono conseguenze per il mancato inserimento.

Situazioni sociali in cui ti preoccupi del fatto che le altre persone si sentano a proprio agio con il tuo comportamento.

Quando si passa da una sottocultura a un'altra

Quando ti ritrovi a fare qualcosa come i tuoi genitori, che avevi giurato che non avresti mai fatto.

Motivazioni del Conformista

Il Conformista ti tratta in un certo modo perché pensa di aiutarti o proteggerti. Le seguenti sono motivazioni comuni del Conformista:

Per essere sicuro di essere in forma.

Teme che se non rispetti le regole, sarai isolato o disprezzato.

Per essere sicuro di non causare problemi e mettere in imbarazzo se stessi o gli altri a cui siete vicino.

Per proteggerti dall'essere svergognato, rifiutato o criticato.

Per proteggerti dalle critiche esterne.

Per tenerti in contatto con la tua "tribù".

Per aiutarti a ricordare il tuo posto e non essere respinto.

Per evitare di sentirti a disagio, solo e alienato.

Per proteggerti dall'ansia di non riuscire a inserirti.

Per ottenere la riflessione e l'ammirazione di chi è importanti per te.

Come gestire il Conformista con il Sé

Il Sé ti aiuta a vedere che i valori del Conformista non sono le uniche buone linee guida per vivere la tua vita. Ti aiuta a determinare le tue scelte di stile di vita e modi di essere. Ti dice che sei una brava persona, anche se scegli di vivere la tua vita in un modo che va contro la tua educazione e cultura.

Il Sé ti sostiene nell'essere quello che sei e nel vivere secondo i tuoi valori più profondi. Vuole che tu attualizzi la tua vera natura e possa vivere secondo la tua vocazione più alta.

Il Sé può porre dei limiti al Conformista dicendogli che i suoi valori sono solo una serie di linee guida per vivere fra molti. Può aiutarti a trovare amici che sostengono la tua scelta di stile di vita, quindi non c'è il pericolo di essere rifiutati o emarginati per essere te stesso. Ricorda poi al Conformista che non rischi di essere giudicato o svergognato nella tua vita di oggi. Hai molte più forze interiori e risorse esterne rispetto al passato. Quindi il lavoro di protezione del Conformista non è più utile.

Le affermazioni del tuo Sé

Le seguenti sono affermazioni comuni del Sé:

- Dammi un po' di spazio per capire chi sono.

- Allontanati, così posso vederti e trovare il mio sé.

Affermazioni nutrizionali

- Sei una persona unica e puoi scoprire i tuoi valori e desideri e sviluppare uno stile di vita adatto a te.

- Hai il diritto di conoscerti e di sapere chi sei.

- È possibile ottenere informazioni solide su ciò che è importante per te e ciò di cui hai bisogno.

- È possibile coltivare e sostenere la tua individualità.

- Sei una persona preziosa così come sei.

Affermazioni di orientamento

- Quando vivi secondo la tua unicità, ti sentirai in pace.

- C'è un sostegno per i molti lati di te stesso quando lo cerchi.

- Quando esci dagli schemi, la tua creatività si scatena.

- Essere te stesso non significa fare il contrario di quello che ti hanno insegnato i tuoi genitori.

Affermazioni di pianificazione dell'azione

Datti un po' di tempo prima di prendere una decisione per riflettere su ciò che è veramente giusto per te.

Quando senti "devo", controlla per vedere chi sta parlando; vedi se questo rappresenta davvero chi sei ora.

Trova persone che ti aiuteranno a essere te stesso e a condividere i tuoi valori.

7 IL SUPER-IO SOTTOVALUTATORE

Il Super-io Sottovalutatore ostacola maggiormente la tua fiducia e autostima. Vuole essere sicuro che tu non corra dei rischi o possa provare nuove attività dove potresti fallire. Ti dice che non puoi avere successo e getta dubbi su qualsiasi cosa nuova che potresti voler provare.

Il Sottovalutatore afferma:

"Non provare quella parte nello spettacolo".

Non offrire le tue idee in quell'incontro!

"Non fare la domanda per quel lavoro!"

E così via.

Il Sottovalutatore fa un attacco diretto alla tua autostima nel tentativo di abbatterti, volendoti mantenere "piccolo" e sicuro per non correre il rischio di essere criticato per la tua visibilità.

Il Sottovalutatore ti dice che sei inutile o inadeguato e ti definisce stupido o incompetente. I suoi attacchi hanno lo scopo di minare la tua fiducia, per non correre rischi o fare qualcosa che potrebbe non essere sicuro.

Il Sottovalutatore ha paura che tu possa diventare troppo potente o riconosciuto nella tua area di competenza e teme che tu possa essere rimproverato o rifiutato per questo. Se mostri una certa qualità, come la forza, l'intelligenza, l'assertività o l'autostima, teme che gli altri ti escludano.

Il Sottovalutatore probabilmente ha preso queste convinzioni da qualcosa che è successo nella tua famiglia o nella tua cultura mentre stavi crescendo. Potresti essere stato rifiutato o punito per essere forte o visibile o per esserti sentito bene con te stesso. Potresti aver visto altre persone subire questo destino. Il Sottovalutatore vuole essere sicuro che questo non ti accada più. È disposto a sacrificare la tua autostima per proteggerti dai pericoli esterni che teme.

Il Sottovalutatore può vedere il mondo più pericoloso di quanto non lo sia realmente. Non crede che tu abbia quello che serve per gestire possibili frustrazioni, rifiuti o difficoltà se fai un passo fuori dal mondo conosciuto. Pensa che tu sia ancora un bambino che vive nei confini della propria famiglia di origine e che puoi essere soggetto agli stessi attacchi che sono avvenuti durante la crescita.

Il Sottovalutatore può giudicarti nel tentativo d'impedirti di fare qualcosa di pericoloso. Può attaccarti proprio nel momento in cui stai uscendo per renderti visibile. Può attaccarti dopo che hai corso un rischio e sta cercando di demoralizzarti in modo che tu non lo faccia più.

Le affermazioni del tuo Sottovalutatore

Le seguenti sono affermazioni comuni del Super-io Sottovalutatore:

Non puoi farlo, ma chi ti credi di essere?

Sei sicuro che sia la mossa giusta?

Sei così incapace; non provarci nemmeno.

Cosa ti ha fatto pensare di poterlo considerare?

Chi ti credi di essere?

Non ne vale la pena.

Non fidarti di te o di chiunque altro.

Nessuno potrebbe davvero amarti così come sei.

Sei una persona inadeguata e devi nasconderlo.

Non ti troverai a tuo agio in questa nuova impresa.

Sei un perdente.

Farai una completa sciocchezza se ci provi.

Mantieni basse le tue aspettative e non sforzarti di provare.

Tu sei _______ (stupido, inadeguato, inaccettabile, e così via).

Il tuo contributo sarà considerato inadeguato, quindi non provarci nemmeno.

Il mondo non è un posto sicuro, che accetta tutti. Devi stare sempre in guardia.

Sarai deriso e preso in giro se lo provi o ti esponi in

quel modo.

Se davvero sapessero chi sei, non lavorerebbero o socializzerebbero con te.

Non hai quello che serve per essere accettato in una simile massa.

Le situazioni che fanno scattare il Sottovalutatore

Il Sottovalutatore probabilmente non è sempre attivo. Come la maggior parte dei Super-io, si attiva a causa di determinate persone o situazioni. Le seguenti sono situazioni di attivazione comuni:

Al lavoro o a scuola, quando consideri di mostrare i tuoi punti di forza o di tentare una nuova strada.

Quando devi lavorare in squadra e fidarti degli altri per sostenerti.

In situazioni dove c'è competizione

Quando ti rivolgi ad altre persone che potrebbero aiutarti o assisterti.

Nel valutare una decisione in cui devi fidarti del tuo istinto per fare una scelta.

Quando stai pensando di provare cose nuove

Quando consideri l'idea di espanderti in modi nuovi.

Rendendoti visibile o potente, come ad esempio quando assumi un ruolo di leadership

Qualsiasi attività che comporti un potenziale successo o fallimento

Situazioni in cui sarai giudicato o valutato

Quando cominci una nuova impresa.

Le motivazioni del tuo Sottovalutatore

Il Sottovalutatore ti tratta come fa perché pensa di aiutarti e proteggerti. Le seguenti sono le motivazioni comuni del Sottovalutatore:

Per proteggerti dal rivivere la vergogna e i giudizi dell'infanzia, impedendoti di agire.

Per evitare che il tuo Distruttore venga attivato a causa di un fallimento.

Per tenerti piccolo e al sicuro, dove essere grande potrebbe minacciare qualcuno vicino a te.

Per minare la tua fiducia modo tale che tu non

corra rischi e possa rimanere deluso.

Per minare la tua iniziativa in modo da non farti fallire.

Per proteggerti dall'essere umiliato o rifiutato dagli altri.

Per minare il tuo coraggio e la tua creatività, impedendoti così di estenderti in attività sconosciute e fallire.

Per minare la tua fiducia in modo che non mostri qualità positive che non sono state accettate dalla tua famiglia.

Come gestire il Sottovalutatore con il Sé

In risposta a un Sottovalutatore, il tuo Sé può discriminare quando c'è un pericolo reale e quando non c'è. Capisce che hai molte più risorse, sia interne sia esterne, a tua disposizione di quando eri bambino. Sa che hai la forza interiore e la resilienza, e che hai persone che ti aiutano e ti sostengono. Pertanto, si rende conto che è possibile gestire la maggior parte delle difficoltà che derivano dall'assunzione di rischi o dall'essere forti.

Il tuo Sé può riconoscere quando ti trovi in una situazione che non è pericolosa e dove è improbabile che tu venga attaccato per essere grande e visibile. Pertanto, sa che puoi avventurarti e avere successo. Ha una visione di te potente e innovativa, che ti permette di lasciare il tuo segno nel mondo.

Il tuo Sé può porre dei limiti al Sottovalutatore. Fa sapere a quel Super-io che minare la tua fiducia non è utile. In molti casi, dice al Sottovalutatore che non c'è alcun pericolo reale. In alcuni casi, si offre per aiutarti a gestire i pericoli che potresti incontrare.

Le affermazioni del tuo Sé

- Lasciami essere; ho fiducia in me stesso per trovare la mia strada.

- Non lascerò che tu mi limiti.

- Non c'è bisogno di proteggermi, posso prendermi cura di me.

Affermazioni nutrizionali

- Hai tutto ciò che serve per farti strada nel mondo.

- Hai capacità innate su cui puoi contare.

- Non hai nulla di cui vergognarti.

- Puoi essere orgoglioso di te.

- È possibile affrontare qualsiasi cosa che hai deciso di affrontare.

- Puoi fare un passo alla volta o fare un grande balzo, fai quello che ti sembra giusto.

- Ti meriti di avere un sostegno per l'assunzione di rischi.

- È possibile sviluppare i tuoi talenti unici.

Affermazioni di orientamento

- C'è aiuto e supporto disponibile per guidarti nella ricerca della tua strada.

Puoi fidarti del tuo istinto.

- Puoi chiedere assistenza o supporto se ne hai bisogno.

- Va bene essere grandi e potenti. Non devi avere paura di te stesso.

- Se si dà tempo a sé stessi, è possibile determinare quali rischi vale la pena correre.

Affermazioni di pianificazione dell'azione

Fai un passo alla volta. Fidati di te stesso per trovare ciò che è giusto per te.

L'unico modo per vedere cosa puoi fare è provarlo.

Scopri cosa sai e non sai e trova aiuto dove ne hai bisogno.

È possibile correggere il corso, se necessario. La cosa importante è iniziare.

Il suo motto è: Visione, pianificazione, realizzazione!

GESTIRE IL SUPER-IO CON LA PRATICA DELLA MINDFULNESS

Che cosa è la mindfulness?

Come ho scritto nel mio libro Mindfulness, Corso per principianti: "La mindfulness è una delle abilità più antiche ed elementari conosciute dal genere umano. Nella sua essenza, è tanto semplice quanto riscoprire il gusto dell'acqua fresca o la vastità del cielo. Consiste nell'imparare a essere presenti e consapevoli in questo momento, qui e ora".

Jon Kabat Zinn (2005) che ha contribuito enormemente a introdurre la mindfulness in Occidente, definisce la mindfulness come: "Porre attenzione in un modo particolare: intenzionalmente, nel momento presente e in modo non giudicante"

La mindfulness è, dunque, una capacità con cui abbiamo tutti familiarità, ma alla quale siamo contemporaneamente estranei. Così l'allenamento a praticare la mindfulness, che stiamo esplorando assieme in questo capitolo, è proprio il coltivare una risorsa che è già nostra.

Come afferma ancora Jon Kabat Zinn (2006): "Non bisogna andare da nessuna parte, ci sei già. Non bisogna conquistare nulla, bisogna però imparare a prendere dimestichezza con un funzionamento mentale che, solitamente, ignoriamo. È ciò che potremmo chiamare la modalità dell'essere della mente".□

La mindfulness ti permette di essere più consapevole e presente di quello che sta succedendo nel qui e ora. La mindfulness ti permette di apprezzare la tua vita, invece di attraversarla di fretta, sempre nel tentativo di arrivare da qualche altra parte.

La pratica della mindfulness può aiutarti molto nella gestione del Super-io, perché ti rende consapevole della sua voce critica e dei suoi pensieri giudicanti.

Come vedremo in questo capitolo, con la pratica della mindfulness diventi consapevole del fatto che il Super-io è solo un insieme di pensieri giudicanti, spesso senza fondamento, e ti puoi disidentificare da loro.

La mindfulness è una qualità intenzionale dell'attenzione che fornisce chiarezza, consapevolezza e un senso di scelta riguardo a ciò cui prestiamo attenzione e al modo in cui lo facciamo. Ci sostiene anche nel mantenere la nostra attenzione sul compito da svolgere. Quando rivolgiamo questa lente dell'attenzione verso noi stessi, possiamo promuovere una chiara autocoscienza.

È questa capacità di conoscere noi stessi che è essenziale quando si ha a che fare con il Super-io. La maggior parte delle volte non ci accorgiamo delle chiacchiere che avvengono costantemente nel nostro cervello.

Meno siamo consapevoli dei nostri pensieri giudicanti, più è probabile che li lasciamo agitare, erodendo lentamente il nostro senso di autostima. La mindfulness ti aiuta a diventare ben consapevole dei tuoi pensieri, distinguendo quelli giudicanti del Super-io che ti creano malessere.

Senza consapevolezza non c'è la possibilità di un diverso corso dei pensieri e dell'azione. Quando osserviamo chiaramente la sofferenza che creano i nostri giudizi, vediamo che abbiamo una scelta, e possiamo iniziare a sviluppare strategie per diminuire la loro influenza su di noi. Questo è uno dei doni della mindfulness.

La mindfulness non è solo prestare attenzione; il suo ruolo è di sostenere la nostra comprensione, l'intuizione e un maggiore benessere. Come fa a realizzare tutto questo? In breve, ti aiuta a distinguere ciò che è sano e utile da ciò che non lo è. E con queste informazioni puoi decidere il modo migliore di agire.

Continui a lasciare che la voce negativa del Super-io si faccia sentire? Lo ascolti? Credi a quello che ti dice? Fai quello che ti dice? Con la capacità di discernere, puoi scegliere d'ignorare i pensieri del Super-io e spostare l'attenzione su qualcosa di più costruttivo.

L'abilità fondamentale della mindfulness è la capacità di distinguere tra un pensiero che giudica e uno che non lo fa. La consapevolezza ti aiuta a esaminare i processi del tuo pensiero e a discernere quali tipi di pensieri stanno emergendo.

Praticando la mindfulness, puoi iniziare a isolare i giudizi da tutti gli altri pensieri. Puoi imparare a distinguerli nel tono: se il tuo Super-io ti sta giudicando aspramente per aver dimenticato qualcosa, è un pensiero giudicante. Se un pensiero mette in discussione il tuo valore innato, è un giudizio. Se stai iniziando a sentirti appesantito da una decisione passata, sai che il tuo Super-io è al lavoro.

Una volta che diventi consapevole di quello che avviene nella tua mente, puoi sorprenderti di quanti pensieri sono, in realtà, dei giudizi e quanto spesso accadono. Può essere un esercizio informativo, a volte divertente, contare tutti i giudizi che avvengono in una giornata. Quando arrivi a mille, entro l'ora di pranzo, cominci a renderti conto di quanto siano assurdi, e questo ti aiuta a non prenderli così sul serio. Oppure è un campanello d'allarme che ti spinge a fare davvero qualcosa per contrastare quest'abitudine a criticarti e giudicarti continuamente che proviene dal tuo Super-io.

All'inizio questo può sembrarti un po' deprimente o travolgente. Mentre ti eserciti e pratichi la mindfulness, a volte sembra che tu stia andando indietro perché vedi tutta una serie di pensieri che non sapevi di aver ospitato. Tuttavia, è meglio che tu sia consapevole di loro piuttosto che no. Una volta che sono nella tua consapevolezza, puoi trasformarli e spezzare il loro potere su di te. Chi non lo vorrebbe?

Voglio condividere un esempio di come questo accade. Durante una consulenza psicologica, stavo lavorando con un'attrice teatrale. Questa donna, di trentotto anni, aveva un critico interiore particolarmente forte e rigido e soffriva di disturbi d'ansia.

Nella consulenza psicologica le ho proposto la pratica della mindfulness di base (che puoi trovare nel mio libro sulla mindfulness). Con la pratica della mindfulness lei si è accorta che era bombardata da pensieri di giudizio da parte del suo Super-io. Mi ha detto che questo era una parte del suo essere un'attrice e che era abituata, anche se la metteva molto in ansia. Le ho risposto che non ci si abitua mai davvero a un "vecchio bisbetico" che vive dentro la nostra testa e ci critica continuamente. Ha ammesso che il suo Super-io, di tipo Perfezionista, le rendeva la vita difficile e la sua carriera di attrice molto più impegnativa da portare avanti.

Io l'ho sostenuta nel continuare a praticare la mindfulness, e, come spesso accade, lei è diventata sempre più consapevole dei suoi pensieri critici e di come condizionavano la sua vita rendendola sempre più ansiosa. Poi un giorno, al termine della pratica della mindfulness, ebbe una svolta.

Mentre stava andando al lavoro, il suo Super-io Perfezionista era intento a criticarla, assillandola per tutto il tempo per non essere una brava attrice e rendendola ansiosa. Poi, in un momento di chiara consapevolezza, lei vide il Super-io Perfezionista per quello che era. Esclamò dentro di sé: "È solo un mucchio di pensieri! Sono solo un mucchio di pensieri".

Improvvisamente, come nella favola "I vestiti nuovi dell'Imperatore" la consapevolezza esclamava: "Ma non ha niente addosso!" I giudizi non erano altro che una raccolta di parole ripetitive che le passavano per la testa: parole sproporzionate, cui lei aveva dato troppa importanza. Si rese conto che, assumendole come vere, aveva dato loro l'autorità di decidere la sua attendibilità come attrice e il suo valore come essere umano.

Non è che il suo Super-io Perfezionista sia scomparso da un giorno all'altro. Raramente lo fa dopo una vita di chiacchiere nella nostra testa. Ma una volta che abbiamo fatto scoppiare il palloncino della fede nella validità dei suoi pensieri e smetteremo di dargli autorità su di noi, possiamo avere un rapporto radicalmente diverso con esso.

Abbiamo poi lo spazio per vederlo per quello che è: solo un mucchio di parole. E così è stato per l'attrice. Si sentiva come se le fosse stato improvvisamente tolto un pesante fardello dalle spalle, ed era in grado di prendere le distanze dal Super-io Perfezionista per vedere sé stessa più chiaramente. La sua tranquillità era ora più a portata di mano, almeno per brevi momenti, e stava gettando importanti fondamenta per la libertà.

Pratica: Riconosci il tuo pensiero giudicante

La chiave di questa pratica è di distinguere i pensieri giudicanti, specialmente quelli che sono carichi di emozioni negative e deprimenti, da tutti gli altri pensieri casuali che fluttuano nella mente.

Ci sono molti modi per imparare a riconoscere i pensieri critici e giudicanti nella tua testa. Un modo semplice è quello d'iniziare a notarli con la tua consapevolezza. Poi, ogni volta che noti che ti stai criticando per qualcosa o che stai giudicando gli altri, usa la seguente tecnica di consapevolezza:

Fai una nota mentale dicendo la parola "giudicare" silenziosamente nella tua mente. Questo aiuta a cristallizzare la comprensione che ti stai giudicando e ti aiuta a far risaltare il giudizio sullo sfondo di altri pensieri.

Se noti che ti giudichi per aver giudicato i tuoi

giudizi, ripeti la nota mentale "giudicare", facendo attenzione a non dirla con un tono duro o critico.

Vedi il giudizio come un semplice insieme di parole cui hai dato particolare importanza in passato.

Puoi anche dire "i giudizi sono così" come un modo per riconoscere che i giudizi sono proprio così.

Mentre sei più in sintonia con la tua mente giudicante, nota se questo cambia in qualche modo il tuo rapporto con i giudizi. A volte è sufficiente far risplendere la luce della consapevolezza su un processo mentale per creare una certa distanza da esso.

Se i pensieri giudicanti continuano a tirarti nel loro vortice, allora, oltre a notarli, sposta la tua attenzione su qualcosa che ti permetterà di rimanere presente su una cosa diversa rispetto ai pensieri. Per esempio, concentrati sul tuo respiro, nota i suoni, guardati intorno e osserva qualcosa d'interessante o piacevole.

Se osservare la portata dei tuoi giudizi, ti fa sentire demoralizzato o più critico, ricorda che ogni volta che diventi cosciente di qualcosa, hai l'opportunità di lavorare con questo. Se non sei consapevole, non c'è speranza di trasformazione.

Una pratica leggermente diversa, ma divertente, è quella di contare i tuoi giudizi ogni giorno per una settimana. Osserva che cosa succede quando scopri, quanti ce ne sono. Scopri se questo ti aiuta anche a staccarti dalla loro appiccicosità e potenza.

Il potere della non identificazione

Uno dei più grandi doni della consapevolezza è che ci permette di coltivare una "mente Teflon". Che cosa significa "mente Teflon"? Come sai, il Teflon è il rivestimento antiaderente che è applicato su padelle e tegami. Normalmente, la nostra mente non funziona come un Teflon antiaderente, ma come il Velcro che è un adesivo dove tutto si attacca.

È come se i pensieri che giudicano siano avvolti si attacchino alla nostra mente ogni volta che si presentano. Il risultato è che i nostri pensieri giudicanti rimangono saldamente radicati, prendendo residenza nella nostra mente e riempiendola.

Al contrario, la consapevolezza crea una mente Teflon, dove nulla si attacca. Questo dona alla nostra mente un senso di spazio. Quando portiamo la consapevolezza su qualcosa, diventa avvolta in una chiarezza spaziosa, proprio come quando s'illumina qualcosa nel buio e vediamo l'oggetto, ma notiamo anche tutto lo spazio intorno a esso.

Alla luce della consapevolezza, i pensieri possono essere visti più chiaramente e perdono la loro qualità appiccicosa. La consapevolezza è come il cielo, e da questa prospettiva i pensieri sono solo nuvole che attraversano il cielo e non si attaccano a esso. Galleggiano, si muovono e non oscurano il cielo se non temporaneamente.

La consapevolezza è essenziale per imparare a non identificarci con i nostri pensieri. Questa non identificazione significa che non crediamo più ai pensieri e non prendiamo in considerazione ciò che dicono di noi.

Vediamo che sono solo processi condizionati che non sono oggettivamente più veri che qualsiasi altra cosa. La non identificazione ci permette di staccarci, disimpegnarci, e non farci catturare dai pensieri critici e giudicanti del nostro Super-io.

Quando sperimentiamo con consapevolezza del nostro mondo interiore ed esteriore, diventiamo come il direttore d'orchestra, consapevoli di tutti i membri che compongono la sinfonia, ma non coinvolti in nessuna parte individuale. Oppure diventiamo come un nonno calmo con un nipotino che fa capricci: il bambino può urlare, piangere, scalciare e gridare, ma il nonno sa che passerà e quindi non ne è turbato.

Il secondo fattore essenziale che supporta la non identificazione è la comprensione che i pensieri critici e giudicanti del Super-io non sono, per la maggior parte, né accurati né utili. Più diventiamo consapevoli dei pensieri del nostro Super-io, più è probabile che ci distacchiamo da essi. Più comprendiamo che abbiamo un Sé molto più saggio, più chiaro e gentile all'interno della nostra psiche cui rivolgerci per chiarezza e consigli, meno ascolteremo, o addirittura ci preoccuperemo di ciò che il Super-io ha da dirci. Raramente il Super-io ci offre qualcosa di originale o che non potrebbe essere accertato da una fonte più affidabile.

Un altro esempio di come funziona, la non identificazione può essere visto nella reattività emotiva. Pensa a un'epoca in cui eri emotivamente legato a un particolare punto di vista in un argomento. Che cosa è successo quando quel punto di vista è stato messo in discussione?

Potresti essere diventato emotivamente reattivo - difensivo, travolto dalla rabbia, con un senso di giusta indignazione. A volte, in questo tipo di scenario, nel bel mezzo della tua reazione, può capitare che il punto di vista dell'altra persona sia corretto, oppure puoi vedere la limitazione della tua posizione. A quel punto, ti disidentifichi con la tua posizione per un momento, esci dalla tua via, e improvvisamente trovi più spazio, maggiore facilità, e a volte un po' d'imbarazzo nel vedere quanto sei stato coinvolto. Ancora una volta, è la consapevolezza, la conoscenza, che ti permette il disimpegno e la non identificazione.

Un processo simile può accadere quando sorgono i giudizi. Più li osserviamo con consapevolezza, più possiamo vederli per quello che sono, e più siamo in grado di disidentificarci con loro. Arriviamo a vedere che sono solo pensieri, sono solo punti di vista, ognuno con il suo particolare pregiudizio e la sua prospettiva limitata, spesso molto vecchia e distorta.

Una delle cose che incoraggio, a fare quando il Super-io lancia i suoi giudizi è di dire: "Grazie per la tua opinione" o "Grazie per il tuo punto di vista". Non c'è bisogno di difendersi; basta vedere i giudizi per quello che sono: solo un mucchio di pensieri, come un grappolo di nuvole nel cielo. Questo ti permette di lasciarli andare molto più facilmente e di ritrovare lo spazio. Poi i giudizi possono uscire dalla tua mente senza attaccarsi, come la pioggia contro un vetro di una finestra.

Un ultimo strumento fondamentale per coltivare l'atteggiamento di non identificazione è la rinuncia ad appropriarsi dei pensieri, dei giudizi e delle critiche. Mark Epstein, psichiatra e praticante della mindfulness, intitolò uno dei suoi libri "Pensieri senza pensatore". Egli indicava una filosofia secolare che comprende che i pensieri pensano sé stessi, che non c'è nessuno dietro la tenda che tira le corde, pensando i pensieri. I pensieri accadono da soli, sulla base delle cause e delle condizioni che li portano all'esistenza.

Nella consulenza psicologica, Giulia ha affermato di aver lottato con il suo Super-io Sorvegliante per diversi anni. Facendo la contabile, Giulia mi ha raccontato che ogni volta che stava facendo la sua contabilità personale e i conti non corrispondevano correttamente, lei era immediatamente in grado di giudicare sé stessa e le sue capacità contabili. Un pensiero critico del suo Super-io Sorvegliante era immediatamente innescato: "Se non riesci nemmeno a gestire correttamente i tuoi conti, come ti aspetti che i tuoi clienti si fidino di te con i loro documenti contabili? Questa critica del suo Super-io era come una risposta automatica e l'aveva sentita innumerevoli volte.

Giulia ha pensato questo pensiero? L'ha fatto in modo che diventasse realtà o l'ha invitato a entrare? Oppure è successo da solo, innescato dai suoi condizionamenti e da una serie di timori sulla necessità di essere accurata, e di preoccuparsi delle reazioni dei suoi clienti in caso di errori di calcolo?

La maggior parte dei pensieri giudicanti avviene proprio in questo modo, nello stesso modo in cui la mente etichetta uno stimolo "uccello" quando sentiamo un canto mattutino di un uccello fuori dalla finestra in primavera. Più si vede che i pensieri pensano sé stessi, meno abbiamo bisogno di sentire l'inutile peso della responsabilità per i nostri pensieri, e più possiamo vederli come un processo impersonale che continuerà a "parlare nella nostra testa", nello stesso modo in cui gli uccelli cinguetteranno all'aperto.

È proprio questo processo di non prendere i nostri pensieri così personalmente che rende possibile la non identificazione. Possiamo vedere i pensieri giudicanti dal punto di vista di un osservatore in terza persona e non sentirci così appesantiti da loro. Questo è il momento in cui cominciamo davvero a sentire un senso di spaziosa tranquillità e pace.

Pratica: Non identificarti con i tuoi pensieri giudicanti.

Per questa pratica farai una meditazione riflessiva. Cerca di fare questa pratica all'esterno, per esempio mentre sei seduto o sdraiato su una collina, sulla spiaggia, in un parco o nel tuo cortile.

1. Chiudi delicatamente gli occhi e visualizza la tua mente come un vasto cielo aperto e blu.

2. Ora, apri gli occhi e guarda il cielo, e immagina o senti come la tua consapevolezza può mescolarsi con quello spazio in modo da sentirti vasto come lo spazio del cielo sopra di te.

3. Immagina che i tuoi pensieri siano come nuvole che attraversano quel vasto spazio di cielo.

4. Ora, immagina uno dei tuoi pensieri ricorrenti giudicanti che galleggiano su una nuvola sopra di te. Concentrati su quella nuvola per un momento, e vedi se senti una qualche costrizione, un restringimento della tua prospettiva.

5. Nota come il cielo tiene il pensiero simile a una nuvola senza attaccarsi a essa, senza essere perturbato nel minimo modo possibile. Vedi e senti il

cielo spazioso che circonda la nuvola. Questo è lo spazio della consapevolezza. Ricorda che anche se arriva una grande perturbazione, essa oscura solo temporaneamente l'apertura del cielo.

6. Guarda la nuvola che porta il tuo pensiero giudicante allontanarsi dolcemente e nota di nuovo il cielo vasto.

7. Quando ti senti pronto per terminare questa meditazione, apri lentamente gli occhi, muovendoti dolcemente e allungandoti.

Vedi se questo esercizio ti aiuta a sentire quella qualità della "mente Teflon", dove i pensieri semplicemente non si attaccano allo stesso modo, dove risiedi semplicemente nella conoscenza dei pensieri, nella consapevolezza di essi, piuttosto che lottando contro di loro.

Pratica: Coltivare il disinteresse nella critica e giudizio

Puoi allenarti a non essere interessato alle parole del Super-io. Imparare a ignorarle richiederà tempo, però, data l'attenzione che hai prestato loro in passato.

Ogni volta che noti il Super-io che ti giudica, fai pratica nel vedere le sue parole come nuvole che passano nel cielo, o come il ronzio del traffico in città, o come una vecchia canzone che ti gira intorno e in testa. Sai che la voce del Super-io è lì, nel sottofondo, ma non gli dai attenzione.

Sposta l'attenzione su qualcos'altro, in primo piano. Trasforma la tua consapevolezza a qualcosa di fisico o sensoriale che sta accadendo nel presente, internamente o esternamente. Prenditi del tempo per assaporare tutto ciò che è edificante o piacevole. Nota cosa succede nel tuo corpo, cuore e mente quando lo fai.

Un'altra tecnica che puoi usare quando ascolti la voce del Super-io è di rispondere con una risposta rapida. Una delle mie risposte più comuni al mio

Super-io è "Ecco la solita storia".

Formulo questa frase con un tono distaccato, come se qualcuno mi dicesse qualcosa che ho sentito cento volte prima e che è noioso e ripetitivo, come di fatto è il Super-io. Questa replica mostra chiaramente che non sono interessato e preferirei dare la mia attenzione a qualcos'altro. Quindi cerca di trovare una risposta - alcune parole, una frase che ti permetta di rispondere rapidamente al Super-io ignorando il suo giudizio e spostando la tua attenzione su qualcosa di più utile o soddisfacente.

CONCLUSIONE

Se dopo aver letto questo libro ti renderai conto che il tuo Super-io è diventato un tuo alleato, e ascolti sempre più la voce del tuo Sé, allora scrivimi la tua storia, e raccontami i tuoi nuovi successi, piccoli o grandi che siano. E anche i tuoi insuccessi. Mi sarà utile per continuare la mia ricerca.

Non esitare a contattarmi per dubbi, domande e anche critiche. Scrivimi al mio indirizzo eriomaffi@gmail.com Non ti manderò MAI alcuna email di spam, quindi scrivimi con tranquillità.

Se il libro ti è piaciuto, lasciami una recensione, aiuterà a farlo conoscere anche ad altri.

INDICE

☐

BIBLIOGRAFIA

Sigmund Freud, Introduzione alla psicoanalisi (1915-1917), Boringhieri, vol. VIII

Sigmund Freud, L'Io e l'Es (1923), Boringhieri, vol. IX

Roberto Assagioli, Psicosintesi, Astrolabio, Roma

Eric Berne, A che gioco giochiamo, Bompiani

Epstein Mark, Pensieri senza un pensatore, Ubaldini, 1995

Erio Maffi, Mindfulness, Corso mindfulness per principianti, 2017

Paul Hewitt Gordon Flett, Perfectionism: A Relational Approach to Conceptualization, Assessment, and Treatment, 2017

Hal e Sidra Stone, Il critico interiore, Macro edizioni

Hal e Sidra Stone, Il dialogo delle voci, Amrita edizioni

Mauro Scardovelli, Io governo, Libero di scrivere edizioni,

Costantino Avikal, La libertà di essere sé stessi. Il Super-io e il conflitto tra dovere ed essere, Tecniche nuove

Stephen Covey, "Le 7 regole per aver successo", Franco Angeli, 2017

Danny Penman e Mark Williams (2014), Metodo Mindfulness: 56 giorni alla felicità, Mondadori

Nathaniel Branden, 2006, L'arte di vivere

consapevolmente, Corbaccio,

Ellen Langer, 2008, La mente consapevole, Corbaccio,

Kabat-Zinn, J. (1990). Full catastrophe living. New York, Delta. Trad. It. Vivere momento per momento. Milano, Corbaccio (2005)

Kabat-Zinn, J. (1994). Wherever You Go There You Are. New York, Hyperion. Trad. It. Dovunque tu vada ci sei già. Milano, Tea (2006)

Kabat-Zinn, J. (2005). Coming to our senses, healing ourselves and the world through mindfulness. New York, Hyperion. Trad. It. Riprendere i sensi, guarire sé stessi e il mondo attraverso la consapevolezza. Milano, Corbaccio (2006)

Thich Nhat Hanh, 1992, Il miracolo della presenza mentale, Ubaldini

Thich Nhat Hanh, Il dono del silenzio, Garzanti, 2015